\ 나는 오늘도 /
부동산에서
자유를 산다

나는 오늘도 부동산에서 자유를 산다

부동산 투자로 부자의 삶을 선택한 너 과장의 지속가능한 투자 시스템 만들기

너우리 지음

한스미디어

나의 진짜 인생은
부동산 투자 이후부터 펼쳐졌다

암흑 같은 20∼30대

23살이 되던 해, 집에 화재가 발생했다. 당시 우리 가족은 1층 단독주택에 살고 있었는데 옆집에서 쓰레기를 태우던 불길이 원인이었다.

그때 나는 학교에서 친구들과 시험 준비를 하고 있었고 부모님은 집 안에서 잠을 자고 있었다. 불이 난 것을 안 어머니는 아버지와 함께 옷가지만 황급히 챙겨 집을 나섰다고 한다.

불꽃이 솟구친 지 불과 5분 만에 불길은 삽시간에 번졌고 집은 형체를 알아볼 수 없을 정도로 망가졌다. 어머니로부터 전화를 받고 집에 도착하니 우리 가족의 소중한 보금자리와 추억은 연기 속에 사라지고 없었다.

화재는 내 방에서부터 시작되었다고 한다. 어머니는 내가 그방에 있었다면 죽었을지 모른다고 했다. 엎친 데 덮친 격으로 화재 사건 이후 아버지의 사업도 난관에 봉착했다. 채무액이 늘어서 눈덩이처럼 커졌고 고객 수가 급감했다. 우리 가족은 차상위계층으로 전락했다.

그 후 첫 직장을 잡기까지 가족과 함께 보증금 100만 원에 월세 20만 원 하는 작은 공간에서 생활하게 되었다. 그 원룸에서 가족과 함께 먹고 자는 것을 해결해야 했다.

"힘들지? 해준 게 없어서 엄마가 미안해."
"괜찮아요. 아무것도 없으니까 잃을 게 없잖아요. 이제부터 다시 하면 되죠."

이후 28살에 경기도 외곽 지역에 위치한 대기업에 취직하는데 성공했고 남들처럼 평범한 직장인의 삶을 살게 되었다. 그러나 직장인이 되고서도 생활은 크게 나아지지 않았다. 단칸방에서의 생활은 계속됐다.

저 아파트에는 대체 누가 살까

나는 그렇게 총 10년을 원룸에서 살았다. 23세부터 28세까지는 가족과 함께, 28세부터 32세까지는 혼자 거주했다. 10년이면 강산도 변한다. 긴 시간을 작은 방 한 칸에서 살았다는 생각을 하니까 겁이 났다.

언제까지 원룸에 살아야 할까? 이러한 사실을 인지하지 못하고 생각 없이 10년을 살았던 자신이 부끄러웠다. 그래서 회사 주변에서 가장 가까운 부동산중개소를 무작정 찾아가 아파트를 계약해버렸다.

"소장님, 저 여기 살고 싶은데 어떻게 해야 하나요? 가진 돈은 8,000만 원이 전부입니다."

이 단칸방에서만 벗어날 수 있다면 어디든 상관없을 것 같았다. 그래서 5년간 모아둔 종잣돈 8,000만 원에 대출로 받은 돈 1.2억 원을 보태 20년 된 구축 아파트를 매수했다. 부풀어 올랐던 기대와 달리 내가 매수한 가격은 꼭지였고, 잔금을 치른 이후부터 난생처음 매수한 그 아파트는 3년간 내리막길을 걸었다. 충격적이었다.

실패라는 쓰디쓴 경험을 맛보았지만, 역설적으로 이 일을 계기로 부동산 투자의 세계에 본격적으로 빠져들게 되었다. 그 이유는 첫째, 내가 매수한 아파트의 가격이 떨어진 이유를 무척 알고 싶었다. 둘째, 급여보다 빨리 오르는 부동산을 보며 회사가 내 미래를 책임져주지 않는다는 것을 깨달았기 때문이다.

나의 온전한 힘으로 스스로 성장하며 살아갈 방법은 무엇이 있을까? 고민 끝에 투자자의 삶을 살아가야겠다고 결론 내렸다.

부동산 투자는 집을 사고 끝나는 게 아니다

부동산 공부는 독서부터 시작했다. 어느 분야부터 공부를 시작해야 할지 몰라서 '재테크', '부동산' 관련 책들을 다양하게 구매해서 읽었다. 대부분 직장인의 시작도 아마 나와 비슷할 것이다.

책을 보다 궁금한 점이 있으면 인터넷 커뮤니티 카페에 가입해 정보를 찾아보고 전문가의 강의를 듣기도 했다. 가장 빠른 방법은 부동산 투자 경험이 풍부한 사람을 곁에 두는 것이지만 나에게는 언감생심이었다.

공부를 하면 할수록 부동산 투자가 단순히 집을 사고 끝나는 게 아님을 알게 되었다. 기본적으로 국내외 경제를 알아야 했고 시장을 이해해야 했으며 사람의 심리를 간파하는 혜안도

있어야 했다. 그리고 부동산 물건을 보려면 이를 뒷받침할 체력
도 필요했다.

직장인에게 주어진 시간은 저녁과 주말뿐이다. 이 시간을 활
용해야 하는데 현장 물건을 보고 나서 집에 오면 자정을 넘기
기 일쑤였다. 체력 관리는 참 중요했다.

시시각각 변하는 정부의 정책에도 관심을 기울이고 신문도
꾸준히 읽었다. 할 일이 태산 같았다. 경험도 없고 자산도 없고
인맥도 없는 내게 유일한 돌파구는 공부 외에는 없었다. 그래서
공부를 게을리하지 않으면서 실력을 키우고자 노력했다. 그러
자 한 줄기 빛이 서서히 보이기 시작했다.

나만의 투자 근육은 나날이 성장 중

'여기는 왜 이렇게 저렴하지?'

'여기는 왜 이렇게 비싸지?'

조금씩 나만의 투자 기준들을 마련할 수 있었고 투자 타이
밍에 대해 연구하다 보니 저렴한 가격들이 눈에 들어왔다. 철저
하게 준비한 덕분에 시간이 흐를수록 투자 근육은 나날이 성장
했다. 공부라는 게 그렇다. 처음은 어렵지만 반복하다 보면 어
느 순간 어렵게 느껴지지 않는 순간이 온다.

투자도 똑같다. 그렇게 임계치를 넘기면서 가속도가 붙었고 점점 부동산 공부에 재미가 붙었다. 재미를 느낄수록 부동산 투자에 몰입할 수 있었다.

투자는 성장하는 나를 대변하는 하나의 결과물이 되었다. 과거에만 안주하며 살았던 나는 부동산 투자로 이제는 전혀 다른 새로운 삶을 살고 있다.

"어떻게 그 짧은 시간에 부동산 투자를 포함한 여러 일을 동시에 해낼 수 있었습니까?"
"저는 평범한 사람입니다. 그래서 남들보다 조금 더 노력했고 하루에 내가 할 수 있는 일들을 쉬지 않고 최선을 다해 꾸준히 했을 뿐입니다. 평범한 제가 할 수 있었다면 당신도 충분히 할 수 있습니다."

이 책을 읽는 독자들에게도 똑같이 말해주고 싶다. 누구나 성공한 투자자의 삶을 살 수 있다. 그러나 꼭 필요한 조건이 있다. 내가 부동산 투자로 가시적인 성과를 얻을 수 있었던 비결의 핵심은 '꾸준함'이다.

투자의 세계에서 보장된 성공이란 존재하지 않는다. 배우는 만큼, 시간을 투자한 만큼, 노력한 만큼 결실을 얻을 수 있으며 요행이 통하지 않는 엄격한 세계이기 때문이다.

그래서 부동산 투자를 단순히 돈을 버는 수단을 넘어 나를 성장시키는 도구로 보았다. 나의 절실함을 동력 삼아 온몸으로 부딪혀볼 수 있고, 준비하고 실행하는 만큼 원하는 성과를 손에 쥘 수 있어 성취감을 느낄 수 있기 때문이다.

부동산 투자를 시작한다는 것은 단순히 돈을 버는 것이 아니라 나만의 사업체(성)를 하나 쌓는다는 의미이기도 하다. 건물이 만들어지기 전의 땅을 사서 건물을 올리는 것부터 만들어진 건물을 임대하고 관리하는 것까지 부동산은 여러 비즈니스가 한곳에 모이는 완전체 사업이다.

돈을 벌고 싶은가, 은퇴 후가 걱정되는가

이 책은 불안정한 직장과 노후를 고민하는 평범한 직장인이자 30대 가장이 혼자 부동산 투자를 배우고 시작하면서 겪은 어려움과 그 과정을 통해 부를 이뤄가는 내용을 담았다. 누구에게나 통용되는 투자 철학과 노하우, 실전에서 활용할 수 있는 현장의 생생한 목소리 또한 놓치지 않았다.

이 책은 부동산 투자를 통해 부를 쌓아가는 동시에 현업과 주어진 삶의 밸런스를 잘 조절하며 인생을 현명하게 꾸려가기를 바라는 이들을 위한 것이다.

투자를 처음 시작하는 사람이라면 인생의 비밀이 담긴 열쇠를 찾는 여정 앞에서 비교적 쉽게 첫걸음을 내디딜 수 있도록 돕는 부동산 투자의 첫 지침서가 될 것이라 확신한다.

미래는 어둡고 알 수 없지만 리스크를 최소화하며 준비할 수 있다. 미래를 준비하는 과정이 투자이고 그 과정에 얻는 것이 수익이다. 투자하기 전에 반드시 물어야 할 질문들을 찾는다면 이 책이 도움이 될 것이다. 이 책을 읽는 당신의 성공을 진심으로 응원한다. 끝으로 지금까지 곁에서 항상 힘이 되어준 사랑하는 아내에게 감사한 마음을 전하고 싶다.

Contents

Chapter 3 ● 부동산 투자 Step 3

PART 04
현실감 넘치는 실전!
부동산 소액투자 이야기

Chapter 1 ● 부동산 소액투자는 어떻게 시작할까

Chapter 2 ● 소액투자 성공 사례

PART 05
부동산 투자의 승률을 높이는 빅데이터 활용법

Chapter 1 ● 빅데이터로 보는 부동산 인사이트

Chapter 2 ● 한눈에 보는 빅데이터

PART

01

지금도 시장에는
기회가 존재한다

Chapter **1**

왜 여전히
부동산을 사야 하는가

2019년에도
'꼭지'라고 했다

주변의 누군가가 현시점에서 부동산을 매수할 것인지 고민한다면 당신은 어떤 조언을 할 것인가.

2019년을 돌이켜보면 부동산 시장은 사이클상 후반기였다. 한편, 일부 부동산 전문가들은 부동산 시장이 과열 양상을 보인다며 보수적인 투자를 권고하곤 했다. 연이어 서울 집값에 대한 고평가 논란 뉴스가 터져 나왔고 정부는 두세 달 간격으로 부동산 대책을 내놓았다. 실제로 이러한 엄포들로 일부는 집을 하릴없이 매도하기도 했다.

"지금까지도 크게 오르지 않았던 곳인데 30년 된 아파트가 얼마나 오를지 모르겠지만 많이는 안 오를 거예요."

이것은 공인중개사와 주로 나눴던 대화다.

당시 나는 1기 신도시인 산본에 거주하고 있었다. 물론 난 동의하지 않았다.

나는 아파트를 매수하며 매도인의 수익률을 계산해보았다.

매수가 2억 5,000만 원(전세금 2억 3,000만 원+투자금 2,000만 원)

매도가 3억 1,000만 원(수익률: 300%, 수익금: 6,000만 원)

그 매도인의 수익률은 무려 300%다. 잔금일에 집을 매도했던 그의 표정을 기억한다. 300% 수익률에 만족해하는 모습이었는데 평온해 보였다. 그의 눈에는 매도 타이밍이었지만 나의 눈에는 여전히 매수 타이밍이었다.

나는 이 물건을 집주인과 두 차례 협의 끝에 300만 원 저렴하게 매수했다. 그때 주변에서는 왜 30년 된 구축을 사냐며 핀잔을 주었다.

그런데 이 아파트의 시세를 보면 지금은 300만 원 깎기도 쉽지 않다. 해당 지역에 물건이 많지 않아서다.

2019년 말, 이번에는 경기도 역세권 신축 아파트를 샀다. 내게 집을 파는 매도인은 다름 아닌 공인중개사였다. 분양을 받았던 물건인데 사정이 생겨서 매도한다고 했다.

[계약 완료 후]

나: 몇 년 전에 분양받은 것 같은데 왜 파는 건가요?

매도인: 저층이기도 하고 사정이 생겨서 정리하려고 합니다.

나는 그 신축 아파트를 분양가에 1,000만 원을 더 주고 샀다. 이때 투자금은 거의 들지 않았다. 신용을 바탕으로 대출을 최대한 활용한 덕분이다.

몇 개월이 지난 2020년 상반기, 또다시 매수 기회가 왔다. 물론 내가 만든 기회다. 이번에도 수도권 역세권 신축 아파트를 분양가보다 2,000만 원 정도 더 주고 매수했다. 매도인은 잔금을 치른 후 이런 질문을 했다.

매도인: 여기 분양가가 비싼 편인데 더 오르긴 할 것 같아요?

(당시 실제로 구축 아파트 대비 2배 이상 비싸긴 했다.)

나: 네, 이제부터 오를 것 같습니다.

2020년 봄, 다시 현금 흐름이 발생하게 되어 또다시 1채를 추가 매수했다. 이때 매수하기 전에 아는 분을 통해 대출 상담을 받았다. 그 대출상담사는 서울특별시 노원구 중계동에 산다고 했다. 아들이 해외 근무를 하고 있는데 아직 집이 없다면서 투자 지역을 추천해달라고 했다. 그래서 그녀에게 수도권의

2개 지역을 추천했다.

그러나 그녀는 매수하지 않았고 지금은 그때 가격으로 매수가 불가한 곳이 되어버렸다. 그 지역을 제대로 알지 못해서 사지 못하는 부분도 있다. 몇 개월 후 나는 또다시 추가로 아파트를 매수하기 위해 그녀를 다시 만났다.

나: 저렴한 물건이 있어 대출을 좀 받으려고 합니다. 그때 제가 추천해준 물건 시세 좀 보셨어요?

상담사: 그때 살 걸 그랬어요. 아주 많이 올랐더라고요.

나: 이번엔 다른 지역에 아파트를 사려고 합니다. 제 눈에는 물건이 괜찮아요. 이번에도 관심 있으면 한 번 알아보세요.

그 후에도 나는 투자를 이어갔다. 사람들이 투자를 주저하고 있지만, 상승장 후반이라는 지금도 나는 여전히 오직 급여와 신용으로 감당할 수 있는 선에서 부동산 투자를 통해 성과를 내고 성장을 하며 점점 더 자유에 가까워지는 삶을 살고 있다.

"부동산 투자, 내 집 마련을 하는 데 '늦음'이란 없다."

앞으로도
부동산 가격은 오른다

2019년 기준 우리나라의 GDP는 세계 12위다. 2020년은 코로나 팬데믹의 영향으로 최근 10년간 처음으로 -0.9%의 극히 예외적인 경제성장률을 보였지만 2019년 2.2%, 2018년 2.9%, 2017년 3.2% 등의 준수한 성장률을 보였다.

경제성장률이란 일정 기간 한 나라의 경제 성장을 나타내는 수치로 국민소득 규모가 얼마나 커졌는가를 나타내는 지표라고 볼 수 있다. 경제성장률 계산식은 다음과 같다.

【그림1-1】 경제성장률 지표

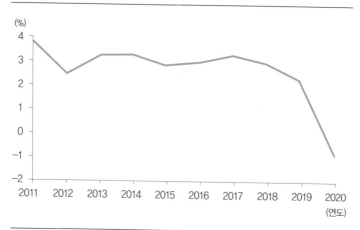

자료: 통계청

$$경제성장률 = \frac{금년도\ 실질GDP - 전년도\ 실질GDP}{전년도\ 실질GDP} \times 100$$

공식처럼 경제성장률이 커졌다는 것은 전년 대비 국민소득이 증가했고 경제 규모도 커졌다는 의미다. 즉, 경제성장률이 오른다는 것은 화폐 가치가 떨어진다는 것과 같다.

소득 규모가 증가하면서 시중에 더 많은 돈이 풀리고 돈의 가치는 점점 더 떨어지게 된다. 사람들은 물가가 올랐다고 말하지만, 돈의 가치가 떨어진 것이 맞다. 이처럼 돈의 가치가 떨어지는 상황에서 아파트 물가(가격)도 오를 수밖에 없다.

【그림1-2】 급여와 소비자물가 관계

[당신의 연봉]

동급?
=
NO!

[소비자 물가]

나는 2019년 하반기, 부동산을 알아보고자 임장을 다니는 과정에서 60대로 보이는 부동산 소장으로부터 첫 내 집 마련을 했을 당시 이야기를 들었다. 30년 전 당시 그의 월급은 100만 원이 채 되지 않았는데 대기업에 근무하고 있어 남들보다 비교적 많이 받는 편에 속했다고 했다.

그는 3년간 열심히 저축해서 1,500만 원을 모으고 대출을 받은 후 4,000만 원짜리 소형 아파트를 샀는데 당시 주위에서 아파트 가격이 너무 비싸다고 했단다. 그가 매수한 아파트는 2년이 지나 매수한 가격에서 2배가 되었다고 했다.

그때도 지금과 같이 경제 성장과 동시에 인플레이션이 작동하던 시기였다. 그 시절 부동산 가격도 급여를 모아 매수하기 쉽지 않았던 것이 분명했지만 그는 집값의 절반 이상을 대출을 통해 내 집 마련을 했고 그의 매수 결정과는 상관없이 부동산 가격은 계속 올랐다.

당시 그가 내 집 마련을 하지 않았어도 아파트 가격은 올랐을 것이다. 급여가 오르는 만큼 실물자산의 가치도 상승한 결과다.

2022년 최저시급은 2021년 최저시급인 8,720원보다 5.04% 오른 9,160원으로 정해졌다. 간략하게 설명한 경제 원리에서처럼 급여의 상승은 곧 경제의 성장을 의미하고, 경제의 성장은 곧 정상적인 인플레이션 작동을 뜻한다.

그가 아파트를 매수했던 30년 전, 최근 들어 가파르게 상승하는 지금, 2022년 또는 2023년에도 부동산의 가격이 꾸준히 상승하는 것은 어찌 보면 당연한 결과다.

내 집 마련을 하고자 한다면 단기적 타이밍을 잡는 것은 큰 의미가 없다. 당신이 집을 매수하든 매수하지 않든 매년 최저임금은 오르고 경제가 성장하는 동시에 부동산 가격도 오르는 것은 극히 정상적인 모습이다. 이 사실을 깨닫는 것만으로도 당신은 부자가 될 기본 소양을 갖춘 것과 다름없다.

"경제가 꾸준히 성장하는 한 지금까지 단 한 번도 급여가 실물자산을 이긴 적은 없었다."

오직 준비된 직장인의 특권
'노후'

현재 우리나라의 법적 정년퇴직 나이는 만 60세다. 법에 의거해 모든 직장의 직원은 자발적 또는 비자발적 퇴사를 하지 않는 한 정년까지 보장된 삶을 살게 된다.

그런데 정년까지 보장이 되는가. 일반적으로 회사의 대표는 1명이고 임원은 1명에서 수십 명에 이른다. 글로벌 기업은 임원이 수백 명이 될 수 있다. 그 아래로 부장·차장·과장·대리·사원 등으로 구성되어 있다. 이 구성은 일반적으로 피라미드 체계를 따른다. 위로 올라갈수록 관리자가 줄어드는 구조다.

개인 사업체가 아닌 경우 임원이 되기까지 적게는 15년, 길게

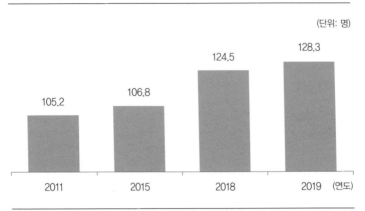

[그림1-3] 100대 기업 임원 1명당 직원 수

(단위: 명)

128.3

124.5

106.8

105.2

2011   2015   2018   2019 (연도)

자료: 한국CXO연구소

는 25년이 걸린다. 한 사람의 인생을 바쳐야 가능한 것이다. 실제로 임원이 된 사람들 대부분은 몸과 마음을 다해 조직에 충성한다. 그렇게 운이 좋아서, 능력이 뛰어나서, 줄을 잘 서서 대기업 수준 기업의 임원이라도 되면 당신은 최소 1~2억 원 이상의 연봉을 보장받는 삶을 살게 된다. 그 과정까지는 순탄하지 않다. 위기의 순간이 있을 것이며 유혹의 시기도 있을 것이다.

실제로 임원이 되기까지 당신은 최소 평균 상위 1% 안에 들어야 한다. 당신은 인생의 대부분을 걸어야 가능한 이 위험한 1% 확률에 배팅할 것인가. 자신이 있는가. 아니면 다른 출구 전략 또는 '플랜 B'를 세울 것인가.

직장인이 미래를 준비하는 방법에는 여러 가지가 있는데 간략하게 이야기하고자 한다.

시나리오 1. 직장에서 끝까지 버티기

회사에서 끝까지 버티고 살아남아 임원이 된 후 정년 또는 정년 근처까지 직장 생활을 꾸준히 유지하는 삶을 사는 것이 있다. 이 방법은 가장 전통적이면서 안정을 추구하는 삶을 살아가는 사람들의 목표이기도 하다. 이런 목표를 가진 사람들의 특징은 대개 학벌이 좋다. 즉, 믿을 만한 구석이 있다. 조직 생활에 특화되어 있기도 하다.

개인의 삶보다 단체 생활에 유독 강점을 보이는 사람들이 있는데 이런 부류의 사람들이 대체로 직장 생활을 잘한다. 게다가 부지런하며 퇴근 후에도 항상 도움이 될 만한 새로운 무언가를 찾고 개발하며 운동도 꾸준히 하는 편이다. 즉, 능력도 좋은데 자기 관리까지 잘하는 부류다. 게임으로 비유하면 사기 캐릭터에 가깝다.

시나리오 2. 직장 경력을 활용해 자영업하기

회사를 다니면서 얻은 인맥·인프라·장점 등을 이용해 자기만의 꿈을 펼치는 방법이 있다. 이런 사람들은 크게 두 부류로 다시 구분해볼 수 있다.

[그림1-4] 2015~2019년 자영업자(개인사업자) 개업·폐업

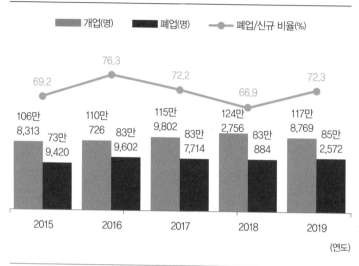

자료: 국세청

(1) 짧은 시간 동안 회사의 체계적이고 조직적인 시스템과 업무를 배우고 자기만의 길을 개척하기 위해 떠나는 삶이다. 사원·대리 정도 되는 시점에 개인 사업 또는 가업을 위해 퇴사하는 경우가 해당한다.

(2) 20~25년의 장기 근무를 통해 업계에서 내공·지식·인맥을 쌓은 후 이를 바탕으로 관련 사업에 뛰어드는 삶이다. 차장·부장급 이상이 은퇴하는 경우가 해당한다. 다만 성공할 확률은 일반 자영업자가 성공하는 확률에 수렴한다고 볼 수 있다.

나는 오늘도 부동산에서 자유를 산다

시나리오 3. 투자 또는 부업으로 노후 준비하기

직장에서 요령 있게 처신하고 적당하게 일하되 퇴근 후 또는 주말 시간을 이용해 투자 또는 부업을 하면서 미래를 준비하는 방법이 있다.

달걀을 한 바구니에 담지 말라는 이야기를 들어보았는가. 본업·부업·투자를 처음에는 동시에 할 수 있을지 모르겠지만 규모가 점점 커지면서 집중이 필요한 시기가 온다면 당신은 선택해야 한다. 이때부터는 우선순위를 정해야 한다는 얘기다. 잘못하면 회사에서 인정받지 못하고 부업도 별 볼 일 없이 흐지부지 끝날 수 있다. 투자도 실패할지 모른다.

지금까지 직장인들이 노후를 위해 선택할 수 있는 3가지 방법을 언급해보았다. 참고로 연예인 같은 직종은 제외했다. 그들의 삶은 일반 직장인과는 조금 다르므로 다른 관점에서 접근해야 한다.

3가지 방법 외에도 다양한 방법이 있을 것이다. 이번 주제에서 늦게 선택할수록 당신의 노후는 불안해질 것이라는 점을 기억하기 바란다.

보편적으로 20대에 시작하면 30대에, 30대에 시작하면 40대에, 40대에 시작하면 50대는 되어야 자리를 잡을 수 있다. 특출

[그림1-5] 직장인이 미래를 준비하는 방법과 확률

[임원이 될 확률]	[자영업 성공 확률]	[투자 성공 확률]
1%	30%	당신의 노력

나게 예외적인 케이스도 있지만 성공한 사람들 대부분은 그 분야에 올인한 사람들이고 운도 따라주었다. 올인하지 않더라도 회사에 있는 시간 이상으로 그 분야에 혼신을 기울였다. 상상하는 그 이상으로 꾸준히 노력했다. 그런 사람들을 따라가기 위해 지금 이렇게 글을 쓰는 나도 절약하고 모아서 투자하며 미래를 준비하고 있다.

당신의 노후가 안전하지 못하다는 판단이 들면 지금 당장 선택해야 한다. ① 직장에 올인하든가 ② 전문성을 갖춰 사업을 하든가 ③ 매달 입금되는 월급을 자본소득으로 바꾸는 노력을 하든가.

다만 확률적으로 보면 시나리오 ①은 1%(회사에서 임원이 될 확률), 시나리오 ②은 30% 이내(자영업자 폐업률 70% 수준 고려)에 포함되어야 한다. 시나리오 ③은 당신이 공부하고 노력하는 만큼 얻을 수 있다.

시간이 흐를수록 당신이 열심히 일해서 모으고 저축한 돈의 가치는 마치 눈 녹듯이 줄고 있다. 지금 이대로 급여에 만족한다면 당신의 미래는 밝지 않을 것이다.

Chapter 2

그렇다면
어떤 부동산을 사야 하는가

마지막 수도권 아파트
투자 기회를 잡아라

친구가 2년 전 신축 아파트 전세에서 신혼을 시작했다. 당시 전세가는 3억 원, 매매가는 5억 원이었다. 그는 대출을 통해 매매도 할 수 있었지만, 전세를 택했다. 2년이 흘러 아파트 가격은 9억 원이 되었고 전세가도 5억 원이 넘었다. 가격 상승에 따른 친구의 상실감은 이루 말할 수 없었다. 그는 지금 구축 아파트 매수를 알아보고 있다. 2년 전에 전세를 택했던 사람 중 이런 상황에 처한 경우가 주위에 더러 있을 것이다.

그렇다면 앞으로 2~3년 뒤에 시장에 쏟아져 나올 세입자들이 선택해야 하는 매매와 전세 매물 수는 얼마나 있을까?

[그림1-6] 2021년 경기도 매매·전세 매물 수 증감

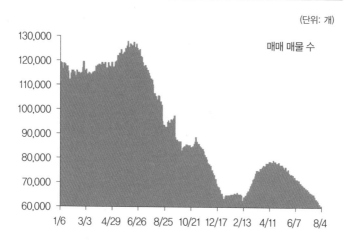

(단위: 개)

매매 매물 수

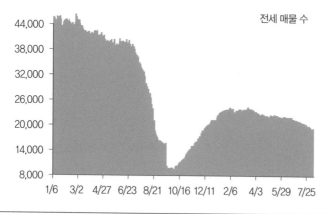

전세 매물 수

자료: 아파트실거래가 앱

【그림1-6】은 2020년 1월부터 2021년 7월까지 경기도의 매매 매물과 전세 매물 수 증감이다. 매매와 전세 매물 모두 아주 가파르게 감소하고 있다는 것을 확인할 수 있다. 1년 6개월 이

나는 오늘도 부동산에서 자유를 산다

전에 대비해 50% 이상 감소했다. 공급 부족, 일자리, 규제와 제약 등 복합적인 영향으로 발생하게 된 결과물이라고 볼 수 있다.

이런 추세가 계속된다면 앞으로 2~3년 후 잠재 수요자가 될 기존 세입자들이 시장에 나왔을 때 시장은 또 한 번의 큰 혼돈을 겪을 가능성이 매우 크다.

통계로 보는 서울, 수도권 아파트 전망

부동산 가격이 오르는 것에 대한 결과값으로 크게 매매가와 전세가가 있다. 향후 오를 것을 예측하는 대표 통계치로 공급과 수요가 있다. 2015년 1월부터 2021년 1월까지의 서울과 수도권의 매매가격지수, 전세가격지수 변동을 확인해보면 【그림1-7】과 같다. 매매가와 전세가가 동시에 꾸준히 오르는 모습을 볼 수 있다. 전세가는 실수요임에도 불구하고 매매가와 전세가가 동시에 상승하는 모습은 전형적인 대세 상승장에 발생하는 현상이다. 아직 레벨 1, 겨울이 오지 않았다는 뜻이기도 하다.

나는 부동산 사이클을 총 5단계 레벨로 구분하고 있는데 레벨 1~5 흐름은 Part 3에 자세히 설명해놓았으니 참고하기 바란다. 이번에는 2015년부터 2021년 공급과 그 후 3년간의 아파트 공급량을 확인해보자.

【그림1-7】 2015~2021년 전국·서울·경기의 매매·전세가격지수 변동

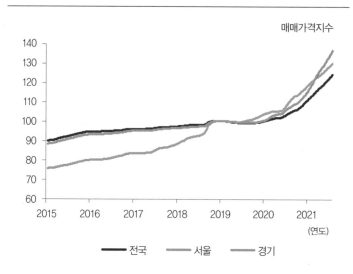

매매가격지수

전국　　서울　　경기

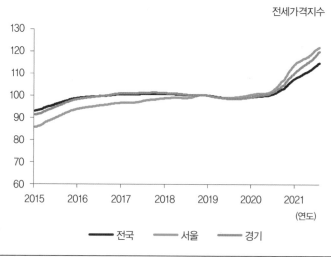

전세가격지수

전국　　서울　　경기

자료: KB부동산

나는 오늘도 부동산에서 자유를 산다

[그림1-8] 전국 아파트 공급 대비 수요

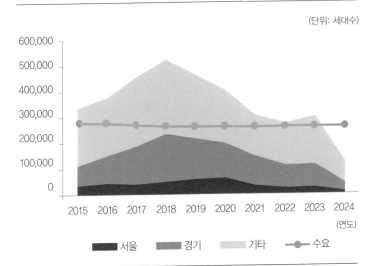

(단위: 세대수)

자료: 부동산지인

【그림1-8】처럼 감소하는 흐름을 보이는 것을 알 수 있다. 조금 특이한 점은 전국·서울·경기로 구분해보았을 때 2017년에서 2019년에 기초 수요를 초과하는 다량의 신축 아파트를 공급했음에도 아파트 가격은 오히려 우상향하는 모습을 보여주었다는 것이다. 그렇다면 앞으로도 오를까?

1998년 IMF 외환위기, 2008년 서브프라임 모기지 사태 같은 시장에 큰 충격을 주는 외부 변수가 작용하지 않는 한 여전히 오를 가능성이 크다. 사람들이 살기 원하는 지역과 아파트 공급이 부족해서다. 구축 아파트보다 신축 아파트 가격이 더 오르는 이유이기도 하다.

향후 몇 년간 예전보다 신규 아파트 공급이 꾸준히 감소할 예정이라는 점은 분명하다. 공급 감소로 발생하는 매물 감소와 가격 상승은 사람들의 수요 심리를 자극하는 데 충분하다. 최근 들어 빌라·오피스텔 거래량이 증가하고 매매가 오르는 현상은 신규 아파트 공급이 부족하다는 증거라고 볼 수 있다.

이처럼 향후 공급이 부족한 상황에서 가격이 오르는 건 당연한 현상이고 이제는 수요 대비 공급 부족에 대해 반박의 여지는 없다. 지금까지의 시장이 증거이며 실거래 가격이 결과다.

"지금 이 순간에도 투자와 내 집 마련을 위한 골든타임이 지나가고 있다."

서울이 아니어도
반드시 오른다

결론부터 말하면 서울이 아니라도 내 집 마련과 부동산 투자 기회는 전국에 존재한다. 이유는 시장 사이클이 전혀 다르게 움직이기 때문이다. 예를 들어보자.

【표1-1】은 서울·부산·대구·인천·대전 부동산 시장의 매매증감률 흐름이다. 지역마다 대세 상승 흐름 시기가 다르다는 것을 알 수 있다. 서울은 지속해서 상승하는 흐름을 보이지만 2020년 상반기에 매매가격이 더 증가하는 모습을 보였다.

반대로 서울이 급상승을 이루던 2020년 6~8월에 부산은 움직임이 전혀 달랐다. 부산은 2020년 하반기에 들어서면서 본격

[표1-1] 서울·부산·대구·인천·대전 부동산의 매매증감률

구분	서울	부산	대구	인천	대전	구분	서울	부산	대구	인천	대전
2020.1.13	0.15	0.03	0.12	0.06	0.55	2020.11.2	0.33	0.61	0.43	0.15	0.19
2020.1.20	0.16	0.02	0.09	0.09	0.27	2020.11.9	0.30	0.68	0.43	0.11	0.41
2020.2.3	0.22	0.04	0.08	0.11	0.45	2020.11.16	0.29	1.02	0.42	0.12	0.33
2020.2.10	0.14	0.04	0.13	0.20	0.37	2020.11.23	0.31	1.06	0.51	0.17	0.54
2020.2.17	0.17	0.04	0.07	0.21	0.29	2020.11.30	0.27	0.82	0.66	0.24	0.21
2020.2.24	0.16	0.02	0.07	0.27	0.24	2020.12.7	0.37	0.69	0.52	0.21	0.25
2020.3.2	0.14	−0.01	0.02	0.27	0.10	2020.12.14	0.36	0.73	0.97	0.26	0.25
2020.3.9	0.14	0.04	0.02	0.37	0.38	2020.12.21	0.38	0.36	0.46	0.30	0.27
2020.3.16	0.12	0.05	0.03	0.36	0.36	2020.12.28	0.45	0.41	0.44	0.24	0.31
2020.3.23	0.06	0.05	0.03	0.28	0.29	2021.1.4	0.39	0.34	0.26	0.22	0.16
2020.3.30	0.04	0.01	0.01	0.22	0.20	2021.1.11	0.38	0.32	0.41	0.24	0.41
2020.4.6	0.03	0.02	0.00	0.21	0.17	2021.1.18	0.39	0.36	0.32	0.31	0.42
2020.4.13	0.02	0.00	0.01	0.03	0.12	2021.1.25	0.38	0.43	0.31	0.23	0.41
2020.4.20	0.00	0.00	0.03	0.13	0.14	2021.2.1	0.40	0.38	0.43	0.41	0.83
2020.5.4	0.00	−0.02	0.02	0.12	0.08	2021.2.15	0.42	0.39	0.32	0.57	0.42
2020.5.11	0.00	−0.02	0.03	0.15	0.11	2021.2.22	0.38	0.25	0.49	0.57	0.63
2020.5.18	0.03	−0.02	0.04	0.09	0.27	2021.3.1	0.34	0.17	0.38	0.73	0.70
2020.5.25	0.05	0.02	0.08	0.17	0.12	2021.3.8	0.32	0.25	0.20	0.63	0.49
2020.6.1	0.08	0.01	0.04	0.16	0.16	2021.3.15	0.28	0.35	0.20	0.74	0.18
2020.6.8	0.15	0.02	0.08	0.11	0.23	2021.3.22	0.24	0.37	0.32	0.82	0.36
2020.6.15	0.21	0.03	0.09	0.18	0.18	2021.3.29	0.20	0.19	0.34	0.78	0.19
2020.6.22	0.44	0.12	0.15	0.40	0.40	2021.4.5	0.28	0.26	0.24	0.64	0.25
2020.6.29	0.49	0.13	0.14	0.26	0.21	2021.4.12	0.22	0.19	0.16	0.59	0.13
2020.7.6	0.56	0.11	0.22	0.15	0.30	2021.4.19	0.22	0.29	0.31	0.67	0.20
2020.7.13	0.63	0.07	0.15	0.10	0.20	2021.4.26	0.28	0.40	0.27	0.53	0.23
2020.7.20	0.58	0.14	0.20	0.15	0.22	2021.5.3	0.23	0.25	0.27	0.50	0.26
2020.7.27	0.53	0.12	0.16	0.18	0.06	2021.5.10	0.28	0.30	0.23	0.62	0.39
2020.8.3	0.39	0.14	0.21	0.19	0.11	2021.5.17	0.22	0.24	0.24	0.62	0.22
2020.8.10	0.53	0.08	0.14	0.10	0.27	2021.5.24	0.35	0.45	0.21	0.81	0.35
2020.8.17	0.44	0.12	0.14	0.07	0.25	2021.5.31	0.37	0.40	0.28	0.77	0.20
2020.8.24	0.43	0.07	0.24	0.10	0.19	2021.6.7	0.38	0.37	0.19	0.76	0.51
2020.8.31	0.38	0.09	0.12	0.17	0.27	2021.6.14	0.33	0.39	0.12	0.62	0.39
2020.9.7	0.35	0.09	0.23	0.06	0.12	2021.6.21	0.34	0.38	0.13	0.60	0.32
2020.9.14	0.37	0.08	0.35	0.06	0.14	2021.6.28	0.40	0.44	0.12	0.78	0.53
2020.9.21	0.28	0.14	0.18	0.09	0.28	2021.7.5	0.27	0.40	0.17	0.54	0.38
2020.10.5	0.24	0.23	0.28	0.17	0.27	2021.7.12	0.27	0.43	0.19	0.55	0.40
2020.10.12	0.22	0.12	0.30	0.10	0.25	2021.7.19	0.36	0.40	0.10	0.63	0.54
2020.10.19	0.31	0.23	0.35	0.08	0.39	2021.7.26	0.27	0.45	0.14	0.58	0.46
2020.10.26	0.30	0.32	0.47	0.06	0.38	2021.8.2	0.23	0.31	0.09	0.62	0.44

자료: KB부동산

나는 오늘도 부동산에서 자유를 산다

적으로 가격이 상승했는데 이 흐름은 현재까지 꾸준히 유지되고 있다. 대구는 부산과 유사한 시기에 큰 상승 흐름을 보이다가 최근 들어 보합하는 모습을 보이고 있다. 즉, 부산과 대구의 대세 상승 시기는 유사했으나 2021년 5월이 넘어가면서 다른 양상을 보인다는 것을 알 수 있다.

이번에는 인천광역시를 보자. 인천은 부산·대구의 대세 상승기에 소폭 상승하는 모습을 보이다가 2021년 상반기에야 급상승하고 있다. 인천도 서울·부산·대구와 다른 가격 흐름을 보여주고 있다. 대전광역시도 부산과 대구가 상승할 때 함께 상승했으나 대구의 흐름과 달리 현재도 꾸준히 상승하고 있다.

【표1-1】처럼 주별 매매증감 자료를 보았을 때 지역마다 사이클이 다름을 확인할 수 있었다. 지금 이 순간에도 오르는 지역과 떨어지는 지역이 공존하며 시장은 마치 출렁이는 파도처럼 상승·보합·하락을 반복하고 있다. 이 점을 이해한다면 '지금이 어떤 시점이냐'에 상관없이 당신은 미루던 내 집 마련을 실행할 수 있고, 시장에서 살아남으며 투자 성과를 이룰 수 있다.

부동산은 평생을 공부해야 하는 자산이다. 지금부터라도 차근차근 공부해서 준비해도 늦지 않다.

"당신에게는 여전히 (　)년의 내 집 마련과 투자 기회가 남아 있다." (　) : 예상 은퇴 나이 - 현재 나이

너우리의 직장일기

또 하루가 지나갔다. 오늘도 직장에서 최선을 다했다. 나의 역량과 에너지를 불태웠던 하루였다. 그런데 내가 느끼고 있는 이 기분은 뭘까?

퇴근길을 걸어가며 집 앞에 있던 아파트를 바라본다.

'저곳은 대체 누가 사는 곳일까?'

그래! 이대로는 안 되겠다. 삶을 변화시켜보자. 가족 빼고 다 바꿔보자.

부동산 공부를 하기 전 반드시 알아야 하는 5가지 원칙

1. 가급적 시작은 분양권부터 매수하라

내 집 마련 또는 투자의 시작은 분양권이 좋다. 신축이 주는 프리미엄으로 매수 수요가 많고 장기적으로 버틸 수 있는 물건이기 때문이다. 기본적으로 사람들은 새것을 좋아하므로 신축 아파트는 경쟁에서 늘 우위를 차지한다. 신축이 주는 편안함을 한 번쯤 겪어본 사람들은 다시는 구축으로 돌아가지 못한다는 이야기를 들어봤을 것이다.

요즘 신축은 거주자 편의에 최적화된 인프라를 갖추고 있다.

단지 내 수영장·독서실·헬스장은 기본이며 카페·공원·골프연습장 등을 갖추고 있다. 1층에 주차장이 없어 아이들에게 안전하다. 국민소득 3만 달러 시대에 걸맞은 편의시설이 완비되어 있고 거주 환경 또한 우수한 신축을 선호하는 현상은 앞으로 계속될 것이다.

무주택자라면 첫 주택은 가급적 분양권부터 시작하는 것을 추천한다. 부동산 투자 중에서 분양권 투자가 가장 난이도가 낮으며 신축이라는 희소성만으로도 향후 충분한 가격 상승과 방어에 유리하기 때문이다.

2. 엉덩이를 최대한 가볍게 하라

내 경우 자가를 전세로, 전세를 다시 월세로 이사하면서 투자에 가속도가 붙었다. 내가 엉덩이로 깔고 앉은 자본을 최소화하려면 불가피한 선택이었다. 시작은 적은 시드머니로 투자할 수밖에 없는 상황이 대부분이므로 가진 돈 중에서 깔고 앉은 자본을 최대한 최소화해야 한다.

자가에 거주하면서도 투자를 이어갈 수는 있지만, 자가에 거주하게 되면 최소 수억 원을 엉덩이로 깔고 가야 하므로 이런 투자법은 실거주 갈아타기의 경우에만 해당한다.

당신이 실거주 갈아타기가 아닌 투자 경험과 인사이트를 키우는 투자를 선호한다면 최소한의 금액으로 월세 또는 전세에 거주하며 부동산 투자를 이어가는 것을 추천한다. 내가 직접 활용하고 자산을 키웠던 방법이니 자신 있게 추천할 수 있다.

3. 이사할수록 돈을 번다

이사는 단순히 생활 환경만 변하는 것이 아닌 부의 이동을 의미한다. 부의 이동이 반복적으로 이뤄진다는 의미는 투자 관점에서 보면 현금 흐름 사이클이 빠르게 돌아간다는 뜻이며 궁극적으로 부의 확장을 의미한다.

나는 투자를 하면서 지금까지 총 5번의 이사를 했고 앞으로도 아이가 초등학교 입학 전까지 필요에 따라 적극적으로 이사할 예정이다. 언급한 것처럼 이사 횟수가 증가할수록 실제로 내 자산도 빠르게 증가했다. 지금까지 이사로 약 1,000만 원의 비용이 지출되었지만, 이사비의 수십 배에 해당하는 자본을 빠르게 축적하기도 했다.

이사를 통해 지역에 대한 편견이 사라지고 부동산을 바라보는 시야가 넓어지는 경험도 얻었다. 이사 횟수가 증가할수록 당신의 자산 축적 속도 또한 점점 빨라질 것이다.

4. 조급함이 가장 큰 적이다

우리나라에는 가계약금이라는 개념이 있다. 계약하기 전에 물건을 '찜했다'는 의미로 소액(100~500만 원)의 가계약금을 입금하는 것이다.

오래전 괜찮은 물건을 발견해 가계약금 500만 원을 입금한 적이 있다. 그러나 조급함으로 인한 실수임을 깨닫는 데는 그리 오래 걸리지 않았다. 잠시 저렴한 가격에 눈이 멀어 앞뒤 가리지 않고 계약금을 쓴 것이다. 중장기 플랜과 투자 원칙에 부합하지 않는 투자 물건이라서 가계약금을 입금한 후에도 고민이 이어졌다. 결국 그 가계약금을 포기했다. 500만 원을 벌기 위해 몇 달간 직장에서 고생한 것을 생각하면 눈물이 앞을 가렸지만, 투자를 중단하기로 했다. 매수 후 얻는 것보다 그 투자로 잃는 시간과 기회비용이 더 클 거라 판단했기 때문이다.

내 실전 사례처럼 시장에 눈이 멀어 판단을 제대로 하지 못하고 충동 매수를 하는 케이스는 지금도 발생한다. 가족도 나와 같은 사례를 겪었고 심지어 내가 매도하는 물건을 매수하는 사람이 내게 가계약금을 입금하고 매수를 포기한 적도 있었다.

투자하는 데 조급함은 언제나 큰 적이다. 신중하게 고민한 후 매수해야 한다. 적절한 시드머니와 스스로 준비만 잘되어 있다면 언제든 매수할 물건이 있음을 기억하자. 조급함에 대해서는 Part 3 '4단계 매수 결정법'에 언급했으니 참고하기 바란다.

5. 자신만의 울타리를 짓지 말라

이 원칙의 핵심은 '편견 깨기'다. 투자를 시작하면서 나는 수십 번 편견을 깨뜨렸다. 사람들이 투자를 주저하고 망설이는 시점에 나 역시 망설였고, 내가 아니라고 생각했던 부동산의 가치가 하늘 치솟듯이 상승하는 것을 지켜보았고, 고평가라고 판단했던 부동산의 가치가 지붕을 뚫고 천장을 넘는 것을 지켜보기도 했다. 이 모든 것이 편견에서 시작되었다.

모든 편견의 원인은 자기가 처한 상황을 기준으로 시장을 바라보고 해석하는 데서 발생한다. '내가 가진 것은 이것밖에 없으니 지금의 상황은 비현실적이며 시장은 왜곡된 것이 분명하다'라는 갇힌 생각에, 명확한 근거와 배경 지식이 없는 상태에서 '내가 생각한 것이 맞다'라는 착각에서 편견이 싹튼다.

항상 의심하고 상상하라. 스스로가 편견을 가지고 시장과 부동산을 바라보고 있는 것은 아닌지 고민도 해야 한다. 적어도 이런 고민을 해야 한다는 사실을 인지는 하고 있어야 한다.

편견의 노예가 되지 말자. 편견의 노예가 되는 순간 당신뿐 아니라 당신을 믿고 있는 가족도 함께 고통받을 것이다.

PART

02

당신은 투자할 준비가
되어 있는가

Chapter 1

나는 이렇게
투자를 준비했다

자본주의 세상 속
나의 포지션 점검하기

우리는 자본주의 체계에서 살고 있다. 영어를 하려면 문법을 알아야 하고 수학을 하려면 개념 원리를 터득해야 한다. 부자가 되고 싶은가. 돈을 벌고 싶은가. 그렇다면 우리가 살고 있는 자본주의 세상을 이해하는 것이 투자의 시작이다.

부동산을 배우는 가장 쉽고 빠른 길은 무얼까? 자본주의 시장의 흐름에 꾸준하게 관심을 기울이고 공부하는 것이다.

자본주의는 돈이 움직이는 세상을 말한다. 이를 유통 관점에서 보면 크게 생산자와 소비자, 생산자와 소비자 사이에 위치한 유통업자로 구분해볼 수 있다. 부동산 관점에서 생산자는 건설

사와 시행사, 물건을 판매하는 사람들로 구분된다. 소비자는 부동산에 임차인으로 거주하거나 실제로 거주하려고 매입하려는 사람들이다. 유통업자는 공인중개사 또는 법무사처럼 생산자와 소비자를 연결해주는 중개인이다. 이 세 계층이 상호 보완적으로 어우러지면서 자본주의는 성장한다.

자본주의 체계에서 생산자(건설사·시행사)가 건물을 만들지 못하거나 판매를 하지 않으면 어떤 현상이 생길까? 이 과정에서 인구까지 늘어난다면? 몰리는 수요에 대비해 공급이 부족하다면 가격은 끝없이 오르게 될 것이다. 이런 현상은 요즘 우리 주변에 흔히 발생하고 있다.

"팀장님, 이번에 영업팀 김 과장이 부동산으로 1억을 벌었다네요." 김 과장은 1억 원을 알고 벌었을까? '팩트'부터 말하면 김 과장은 보유한 재산으로 자기가 거주하고 싶은 집을 알아보고 매입했다. 그 집에서 거주하는 과정에 1억이 올랐다. 자본주의 관점에서 이 가격 상승을 크게 2가지로 해석해볼 수 있다.

1. 수요가 공급을 초과했다

시장에 나온 물건은 1개인데 이를 사고자 하는 사람이 5명이라면 물건을 내놓은 사람은 가장 비싸게 값을 쳐주는 사람에게 물건을 판매하게 된다.

김 과장이 매입한 부동산이 시장에 나온 시점에 수요가 아주 풍부해서 물건을 사고 싶은 사람 중에서 가장 비싸게 사주는 사람에게 집을 팔았다. 그래서 김 과장은 1억 원을 벌게 된 것이다. 경매를 생각하면 좀 더 이해하기 쉬울 것이다.

2. 수요가 왜곡되었다

수요가 왜곡되었다는 의미는 가수요가 붙었다는 의미다. 시장에 나온 물건이 1개인데 이를 실제로 사고자 하는 사람이 5명이다. 이 5명 중에서 1~2명은 실제 사용할 사람이 아니라 잠시 가지고 있을 사람이다. 이런 사람들을 나는 유통업자로 분류한다. 유통업자는 중간 역할을 통해 수익을 창출하게 된다.

그렇다면 투자자는 유통업자인가. 투자자는 유통업자이면서 생산자가 될 수 있다. 건물을 직접 짓는다면 생산자 역할을, 소비자에게 물건을 판매하거나 임대를 주면 유통업자가 된다. 이를 간략히 정리하면【그림2-1】과 같다.

생산자는 돈을 벌기 위해 부동산을 짓는다. 유통업자는 부동산을 소유하고 중개하고 관리하고 매입과 매도를 통해 수익을 일부 얻는다.

[그림2-1] 생산자·유통업자·소비자 관계

[생산자]	[유통업자]	[소비자]
건설사 시행사 투자자	중개인 법무사 투자자	실거주자 세입자

그렇다면 소비자는? 실거주자는 자기 소유의 부동산이 있지만, 실거주 목적이니 팔지는 못한다. 세입자는 일부 금액을 유통업자에게 잠시 맡기거나 지불하며 거주할 뿐이다. 부동산을 통해서 얻는 수익은 없다. 당신은 아직 소비자인가. 혹시 어디에도 속해 있지 않은가.

이번에는 조금 다른 관점에서 자본주의를 바라보자. 자본주의에서 가격이 가장 비싸면서 실체가 보이는 것은 무엇인가. 주변을 한번 둘러보자. 고층빌딩, 초호화 아파트, 멋진 비행기 등이다. 그 건물들 아래 '토지'가 존재한다. 나는 자본주의를 알게되면서 토지를 맨 먼저 공부했다.

조선 시대는 배산임수 지역이 인기 있었다. 배산임수를 선호했던 큰 이유는 살기 편해서다. 매우 단순한 논리다. 먹고살기편하므로 산과 강이 어우러진 배산임수 지역에 옹기종기 모여촌락을 이루고 촌락이 커져서 마을이 되고 자본주의 체계 속에 성장하며 도시가 형성된 것이다.

예나 지금이나 사람들이 살고 싶은 지역은 항상 모여들기 마련이다. 아침에 해가 동쪽에서 뜨고 서쪽에서 지는 것이 당연한 것처럼 땅의 위치는 변하지 않는다. 공간도 늘어나지 않는다. 생산자와 유통업자는 이 상황을 이해하고 활용함으로써 수익을 얻는다.

지금까지 유통 관점의 생산자·유통업자·소비자 계층을 부동산에 대입해 간략히 설명해보았다. 당신은 이 세 계층 중에서 어떤 포지션에 위치하고 싶은가. 소비자로 만족하는가. 소비하는 순간이 가장 행복한가.

기억하자. 취업준비생과 직장인은 일반적으로 소비자에 속한다. 소비자는 자본주의 체계에서 하위 포지션에 위치한다.

일단 씨앗부터
모으자

돈에 대한 개념 재정립

　돈이란 자본주의 사회 구성원끼리 서로의 신뢰를 바탕으로 약속된 화폐를 말한다. 사업가는 사업을 통해, 직장인은 월급을 통해 돈을 번다. 돈을 버는 진짜 목적은 소비하기 위함이다. 소비는 원하는 것을 사는 것이다. 집·옷·음식 등의 필수재가 있고 자동차·시계·가방·가전제품 등의 소비재가 있다.

　길에서 당신이 1만 원을 주웠다고 가정해보자. 1만 원에 대한 일반인과 투자자의 생각의 차이는 【그림2-2】와 같다.

【그림2-2】 1만 원에 대한 일반인과 투자자의 생각 차이

[사용 전]

일반인   이걸로 뭘 하지?

투자자   투자금이 생겼다!

[사용 후]

일반인   공짜 커피는 역시 맛있다!

투자자   이 돈이면 내가 1억을 빌릴 수 있는데!

1억 원×3.5%(신용 대출 시 이자)
= 하루 이자: 9,589원(1할 계산 시)

[10년 후]

일반인: 대체 어떻게 부자가 되셨어요?

투자자: 10년 전 주웠던 1만 원이 저를 부자로 이끌었습니다.

부자들은 이런 생각으로 돈을 다룬다. 고작 1만 원짜리 지폐 1장에 불과하지만, 1장은 1억 원을 빌려서 3.5%의 이자를 지불할 때 쓰는 이자 금액이 된다. 매일 1만 원의 돈을 아낄 수 있다면 당신은 1억 원을 빌린 것과 같은 효과를 얻게 되는 것이다. 이제부터 돈을 이런 관점에서 봐야 한다.

돈은 단순히 물건을 사려고 존재하는 것이 아니다. 당신이 사용하기에 따라서 그 돈의 가치는 억 단위로 바뀔 수 있다. 앞으로 단돈 1만 원을 쓸 때도 마음이 조금 불편할 수 있다. 그러나 어쩌겠는가. 이 책을 접하게 되었으니 1만 원을 예전보다 좀 더 소중히 다루면 된다.

너우리의 투자일기

요즘은 돈을 쓰면 이런 생각이 든다.

'이 돈은 1시간 동안 열심히 일해서 번 돈이다.'

'나의 소중한 시간을 물건을 사고자 지불한다.'

이 돈을 지불할 가치가 있을까? 돌이킬 수 없는 나의 시간을 이것을 위해 지불할 가치가 있을까? 이제는 예전처럼 돈 쓰는 재미가 없다. 돈을 쓸수록 나의 시간은 줄어드니 말이다.

푼돈 모아 목돈

주변에 항상 많은 유혹이 도사리고 있다. 사방팔방으로 돈을 벌려고 혈안이 되어 있다. 말인즉 소비를 끌어내리고 온갖 행위를 다한다는 의미다. 이를 비즈니스적으로 표현하면 '마케팅과 영업을 한다'라고 한다. 맛있게 보이는 음식점 광고판부터 전단지까지 헤아릴 수 없을 만큼 수많은 홍보물이 수시로 소비자의 구매 욕구를 불러일으키곤 한다.

우리는 마음만 먹으면 가진 것 안에서 얼마든지 소비할 수 있다. 사회생활을 시작하면서부터는 아무도 당신을 막지 못한다. 먹고 싶으면 먹고 사고 싶으면 사면 된다. 나의 20대도 그랬다. 단, 일정 금액의 적금을 제외하고 말이다. 아마 그 적금조차 없었더라면 지금의 나는 없을 것이다. 인류가 소비하고 소유하는 것을 점점 더 좋아하게 된 것은 기업이나 셀러들이 사람의 심리를 교묘히 이용하기 때문이다.

'친구가 잘사냐는 물음에 그랜저로 답했다.' 이 광고에 의하면, '그랜저'는 그가 부자가 되었다는 것을 보여주는 수단이다. 그 사람이 소유한 것으로 그 사람의 평가가 좌우된다. 이는 옷·가방·시계 등 모든 것에 적용할 수 있다. 명품 브랜드를 입는 것도 멋진 자동차를 구매하는 것도 나는 이해한다. 하나쯤 해볼 수 있다.

그러나 이제 막 재테크를 시작하거나 시드머니가 없는 사회초년생이라면 버는 것의 일정 금액은 반드시 저축해야 한다. 내가 생각하는 기준은 최소 월급의 50%인데 월급이 200만 원이면 100만 원, 500만 원이면 250만 원을 저축하는 것이다. 소비성향에 따라 누군가는 조금 힘들 수 있겠지만 이것마저 하지 못한다면 20년 후에 피눈물을 흘릴지 모른다.

재테크의 시작은 일정량의 시드머니다. 그 시드머니의 시작

[표2-1] A사원과 B사원의 저축 성향

구분	A사원	B사원
월급	270만 원	270만 원
저축액	200만 원	50만 원
연간 누적	2,400만 원	600만 원
5년 후	1억 2,000만 원	2,400만 원

은 저축이라는 사실을 잊지 말자. 【표2-1】은 두 사원의 저축 성향을 단순 비교해본 내용이다.

【표2-1】에서 보는 바와 같이 A사원은 B사원이 5년간 모을 돈을 1년 만에 모았다. 5년 후 A사원과 B사원의 자산 격차는 4배가 된다. A사원은 5년 후 집 1채를 마련하는 것도 가능하다. 집을 마련하고 시간이 흐르면 두 사람의 격차는 점점 더 커질 것이다.

조용히 사라지는 당신의 돈을 지키는 가장 기본은 지출을 통제하는 것이다.

다음은 실제로 내가 사용했던 돈 모으는 방법이다. 이 방법을 활용한다면 당신 월급의 80% 수준 또는 그 이상을 저축할 수 있다. 실제로 이 방법을 활용해서 80% 이상을 저축했고 이렇게 열심히 저축한 돈으로 투자에 힘을 실었다.

【표2-2】 자제 항목과 지출 항목 리스트

구분	자제 항목	구분	지출 항목
1	해외여행	1	보험료
2	신용카드	2	관리비
3	세탁소 이용	3	교통비
4	커피	4	경조사비
5	외식	5	도서 구입비
6	택시 이용	6	임장 활동비
7	의류 구입	7	교육비(강의 등)
8	액세서리(시계 등)		
9	고가 헬스장		
10	술		
11	담배		
12	현금 지출 게임		
13	친구와의 잦은 만남		

【그림2-3】 종잣돈의 방해 요소 3가지

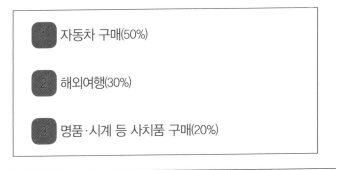

사라지는 당신의 월급을 지키는 방법

- 최근 3개월간 월별 지출을 엑셀에 모두 기록한다.
- 지출 우선순위를 부여해 불필요한 지출은 제거한다.
- 당장 신용카드를 전부 버린다.
- 오직 현찰과 체크카드로 생활한다.
- 주말이나 평일 저녁을 이용해 부업을 구한다(옵션).
- 부업으로 월 지출을 커버한다(옵션).
- 이제 월급의 80~90% 이상 저축이 가능해질 것이다.

나는 오늘도 부동산에서 자유를 산다

투자 방향성을 정하자

주식보다 부동산

당신에게 질문을 하나 해보겠다. 혹시 투자의 양대 산맥에 해당하는 주식과 부동산이 어떻게 탄생하게 되었는지 알고 있는가. 재테크의 탄생 배경을 모르면서 투자를 한다는 것은 마치 수학 공식을 모르는 상태에서 문제를 푸는 것과 같으므로 탄생 배경을 간략히 설명하고자 한다.

주식은 1600년대 네덜란드 동인도회사에서 처음 도입했다. 당시 인도와 무역 거래를 하려면 선장에게 많은 돈이 필요했지만, 돈은 인도에서 물건을 매입하고 다시 네덜란드로 복귀한 후 수익을 만들어야 가능했다. 고민하던 선장은 배를 출항시키기 위한 투자금을 모집했고 투자금을 빌려주는 사람에게는 무역 거래를 통해 발생하는 수익 일부를 나눠주기로 한다. 그때 동인 도회사의 선장이 발행한 증서가 오늘날의 주식이다.

한편 부동산은 수만 년 전 인류가 수렵 채취인의 삶을 버리고 최초로 작물을 재배하면서 그 역사가 시작된다. 재배하려면 작물을 돌봐야 하고 자연스레 작물을 재배하는 곳 주변에 자리를 잡고 농경 생활을 시작하게 된다.

동인도회사는 투자자를 많이 확보해야 더 많은 배를 띄우고 더 높은 수익을 창출할 수 있었다. 농경 시대 사람들은 안전하면서 비옥한 땅을 많이 확보할수록 더 많은 작물을 재배할 수 있었다. 즉, 주식과 부동산 모두 인간의 욕심으로 생겨난 것이라고 볼 수 있다. 이 2가지는 오늘날에 이르러 우리 사회의 재테크 양대 산맥을 이루게 된다. 다음을 읽어보고 생각해보자.

[사인을 살까 그림을 살까?]

당신이 길을 지나가고 있다. 마침 지나가던 S사의 CEO가 당신에게 사인 1장을 주면서 1만 원에 산다면 2년 뒤에 3배가 된다고 말한다. 구매할 것인가.

다음 날 아침 당신은 다시 어제 지나갔던 길을 걸어가고 있

나는 오늘도 부동산에서 자유를 산다

다. 이번에는 유명한 화가가 당신에게 그림을 주면서 1만 원에 산다면 2년 뒤에 3배가 된다고 말한다. 구매할 것인가.

둘 다 구매한다는 사람이 있을 것이고, 둘 다 구매하지 않는 사람이 있을 것이다. 이번에는 상황을 조금 바꿔보자.

사인은 1만 원인데 그림은 1억 원이라면 당신은 무엇을 살 것인가. 일반적으로 1만 원으로 사인을 살 가능성이 크다. 1만 원이 없어도 사는 데 지장이 없고 크게 부담도 없으니 말이다. 그것도 S사의 CEO가 직접 준 사인이 아닌가.

언급한 1만 원짜리 사인은 주식이며 1억짜리 그림은 부동산을 의미한다. 주식이 부동산에 비해 접근하기 매우 수월한 점을 설명해보았다. 당신이 신용불량자만 아니라면 직업의 유무와 상관없이 누구든지 계좌를 열고 매입과 매도를 할 수 있다. 컴맹도 전화 1통이면 처리가 가능하다. 단돈 1,000원으로 매입이 가능한 것이 주식이다.

사람들은 대개 기업의 가치와 비전을 보고 주식을 매입한다. 누군가는 수익을 얻고 누군가는 돈을 잃는다. 나도 사회 초년생 시절에 주식을 잠시 한 적이 있다. 단 한 번의 투자로 투자금 대비 3배 정도의 수익을 올리고 그 주식을 매도했다. 처음으로 매입하고 매도했던 그 주식은 현재 상장 폐지 상태다.

사람들이 주식을 하는 이유는 '쉽게 사고팔 수 있다. 주변에서 돈을 벌었다, 왠지 나도 할 수 있을 것 같다' 등에서일 것이다. 나도 이런 이유로 시작했다. 지금은 주식보다 부동산에 더 많은 비중을 두고 있다. 주식의 장점도 있지만 이렇게 정한 데는 나름의 이유가 있었다. 지금부터 그 이야기를 하고자 한다.

⑴ 부동산은 실수요가 있지만, 주식은 가수요다

사람들은 본인 명의의 집에서 거주하기를 원한다. 이왕이면 인프라가 좀 더 갖춰져 있으면서 안전하고 쾌적한 환경에서 살기를 희망한다.

나의 어머니 역시 현재 살고 있는 집에서 노후를 맞이하겠다고 하셨다. 얼마 전에도 투자를 한 번쯤 해보는 것이 어떠냐고 제안해보았지만 1채로 충분하고 욕심이 없다셨다. 특별한 일이 없다면 어머니는 현재 거주하는 집에서 노후를 맞이할 것이다.

반면 주식은 어떤가. 주식은 기업의 가치를 대변한다. 사람들은 기업과 경제 상황을 보고 주식에 투자한다. 그리고 수익을 바란다. 이해가 조금 되었는지 모르겠다. 주식은 부동산처럼 실수요가 없다. 가수요 비중이 크다는 말이다. 목적은 오직 하나 수익이다.

⑵ 주식은 접근성과 변동성이 크다

접근성을 알아보자. 접근성이 크다는 의미는 전 국민이 모두 투자자가 될 수 있다는 의미이기도 하다. 동전으로도 살 수 있는 주식이 있는 것처럼 매입하기 쉬운 것이 주식이다. 이를 역지사지로 생각하면 '치고 빠지기'도 언제든 가능하다는 의미다. 오전 9시에 주식을 사고 이어서 오전 10시에 주식을 팔 수도 있다. 이를 일컬어 초단타라고 한다.

반면 부동산은 치고 빠지기가 쉽지 않다. 양도소득세·중개료·수수료 등 세금 부과가 비교적 높아서 부동산 단타는 오히려 손해 볼 확률이 크다.

경제가 원활하게 돌아갈 때는 크게 문제되지 않겠지만 경제 또는 기업이 휘청일 때 맨 먼저 반응을 보이는 것이 주식이다. 즉, 시장 상황에 따라 변동성이 높다. 그래서 나는 주식이 상대적으로 손실 리스크가 큰 재테크 방법으로 본다.

⑶ 주식은 형체가 없다

몇 년 전 주식을 처음 매입했다. 해당 기업에 대한 친구의 긍정적인 해석이 나를 이끌었다. 주변 사람의 영향으로 재테크에 눈을 뜨게 되는데 나도 친구의 도움으로 주식 시장에 발을 담그게 되었다.

매입 후 초창기에는 반응이 없었다. 몇 개월 후 주식의 가치는 최대 30배까지 오르게 된다. 말로만 듣던 퀀텀 점프를 이룬 것이다. 재무제표를 봐도 고평가될 만한 단서를 찾지 못했는데 뉴스와 친구로부터 정보를 받는 정도에 불과했다. 얼마 후 그 주식은 거래 정지가 되었다. 내가 수익을 얻은 이유는 운 좋게 먼저 빠져나왔기 때문이다.

부동산은 주식처럼 단기간에 30배가 오르지 않는다. 사람들은 부동산 가격이 5%만 올라도 거품이라고 말한다. 반면 주식이 5% 오르면 거품이라고 말하지 않는다. 가격 상승에 따라 실제로 체감하는 가격이 다르므로 발생하는 현상이다.

언급한 3가지 이유로 재테크의 시작은 내 집 마련과 부동산 투자가 우선되어야 한다고 본다. 주식을 하지 말라는 이야기가 아니다. 주식은 내 집 마련 이후 선택 옵션이다.

주식 광풍이 불고 있는 이 시대에 둘 중 하나만 선택하라고 한다면 여전히 나는 부동산 투자를 먼저 시작하라고 추천한다. 참고로 유명한 주식 투자의 대가 워런 버핏도 내 집은 반드시 있어야 한다고 했다.

부동산 투자는 아파트부터

부동산의 종류는 다양하다. 오피스텔·빌라·아파트·단독주택·상가·토지 등이 있다. 이 중에서 한국인은 아파트에 거주하기를 가장 원하는데, 이유는 거주 안정성과 편리성 때문이다. 100% 거주를 목적으로 지어진 아파트는 사람들의 의식주를 개선하려고 생겨난 상품이다. 건물동을 관리하고 주변을 청결하게 유지해주는 관리자가 존재하는 시스템이다. 관리사무소가 총괄하고 경비원이 주민의 생활을 돕는다. 이 밖에 다양한 이유로 사람들은 아파트를 선호하고 거주하게 된다.

아파트 거주를 선호한다는 의미는 곧 수요가 많다는 것이고, 수요가 많다는 의미는 투자자 입장에서 필요에 따라 매도해 수익을 창출할 수 있다는 의미이기도 하다. 즉, 보유하고 관리함으로써 추후 시세차익을 얻을 수 있다는 뜻이다.

주변 사람들에게 어디에 거주하고 있고 어디에 살고 싶냐고 물어보면 대부분 아파트라고 대답할 것이다. 교육 수준이 비교적 높거나 부유한 가정에서 자란 경우 아파트에서 살고 있을 확률이 높은 편이다. 적어도 내 주변은 그랬다.

아파트와 비교할 수 있는 대표적인 부동산 모델로 빌라가 있는데 초고급 빌라부터 상가형 빌라까지 다양한 형태가 있다. 빌라는 아파트에 비해 저렴한 장점이 있지만, 치명적인 단점이 몇 가지 있다.

(1) 보안이 상대적으로 취약하다. 아파트 같은 공동 관리자가 존재하지 않고 층이 낮아서 범죄에 노출될 확률이 높다.

(2) 경쟁 상품이 많다. 약 50평 공간만 있다면 빌라를 쉽게

지을 수 있다. 짓는 데 6개월 정도면 충분하다. 언제든 경쟁자가 늘어날 수 있는 환경이다.

(3) 상품성이 떨어진다.

"이 명품 가방 이쁘지?"

"응. 그런데 명품 로고를 없애고 저기 있는 다른 가방이랑 비교해봐. 차이가 없는데?"

"그래도 사람들은 이 가방을 좋아해."

브랜드 효과에 관해 예를 들어보았다. 아파트는 대형 건설사가, 빌라는 개인 건축업체가 짓는다. 아파트는 건설사의 브랜드 이미지가 있어 표준을 벗어나지 않는 범위 내에서 짓지만 빌라는 법의 사각지대에 노출될 확률이 높다.

나의 아버지는 건축업을 한다. 실제로 건물을 여러 번 지었던 경험이 있고 어린 시절에는 아버지가 직접 지은 건물에 살기도 했다. 그때 간접적으로 어떻게 집을 짓는지 경험하게 되어 이런 부분들을 더욱 잘 알게 되었다.

통계청 자료에 따르면, 2020년 기준 한국의 출산율은 0.84명으로 2019년 출생아 수 30.3만 명 대비 10%가 하락한 27.2만 명을 기록했다. 특단의 조치가 없는 한 향후 출산율도 보합하거나 하락할 가능성이 크다. 낮은 출산율은 그만큼 사람들의 삶이 팍팍하고 여유가 없다는 것을 의미하기도 한다.

아파트는 주거시설의 먹이사슬 구조에서 최상단에 위치하는 만큼 먼 미래에 맞이할 인구 감소의 영향에서도 살아남을 유일한 재테크 수단이 될 것이다. 다른 부동산 상품보다 경쟁 우위를 점하는 상품인 만큼 투자나 내 집 마련을 목표로 준비하고 있다면 나는 아파트를 맨 먼저 추천한다. 가격이 비싼 건 그만큼 수요가 탄탄하다는 뜻이다.

따라서 조금 더 비싸게 값을 주더라도 이왕이면 아파트에서 시작하는 것을 추천한다. 서울과 수도권 역세권 아파트는 앞으로도 그 가치가 더욱 빛을 발할 것이다. 희소성 때문이다.

땅은 한정되어 있고 교통 노선도 하루아침에 만들어지지 않으니 풍부한 수요와 입지적 강점을 가진 역세권 아파트는 앞으로도 끝까지 살아남을 가능성이 매우 크다.

2가지 투자 선택 옵션

부동산 투자 선택 옵션은 크게 2가지가 있다.

(1) 시세차익형. 즉, 전세 투자다. 부동산을 매수한 후 매매가 또는 전세가 상승으로 인한 수익 창출 구조를 말한다.

(2) 수익형. 즉, 월세 투자다. 부동산을 매수한 후 월세를 세팅

해 월세를 고정적으로 받는 투자 방식이다.

전세 투자와 월세 투자의 특징과 장단점을 간략히 정리해보면 【표2-3】과 같다.

전세 투자는 서울·수도권 아파트 위주 투자 시 유리하며 매도 시 시세차익이 크고 전세금을 지렛대 삼을 수 있다. 빠른 원금 회수가 가능하다는 장점이 있다. 반면 임대차법으로 인해 임대차 계약 기간이 4년으로 늘어난 점은 향후 매도 시 불리하게 작용할 수 있다.

월세 투자는 주로 지방 아파트 투자 시 유리하며 고정 월세로 현금 흐름 창출이 가능하다는 장점이 있지만 매도 시 시세차익이 적을 수 있으며 월세 미납과 임차인 관리 리스크가 존재한다.

【표2-3】 부동산 투자 유형별 특징

구분	특징	장점	단점
전세 투자 (시세차익형)	•서울·수도권 아파트 투자 시 유리	•매도 시 시세차익이 크다 •전세금을 레버리지로 활용 가능 •전세금 올려 받을 경우 원금 회수 가능 •임차인 관리 수월	•세입자 요청 시 총 4년 계약 •역전세 리스크
월세 투자 (수익형)	•주로 지방 아파트 투자 시 유리	•고정 월세로 현금 흐름 창출	•매도 시 시세차익 적다 •월세 미납 •임차인 관리 리스크

나는 오늘도 부동산에서 자유를 산다

당신은 어떤 투자 방식을 원하는가. 직장인이라면 어떤 투자 옵션을 선택해야 하는가.

【표2-4】는 단순 수익률 비교를 위해 1억 원이라는 동일한 투자금이 들어간다고 보았을 때 보증금 1,000만 원 인상 시 전·월세 전환율을 4%로 가정해보고 계산한 월세 수익률이다. 매매가가 낮을수록 수익률이 높을 것을 알 수 있다.

우리나라는 세계에서 유일하게 전세 시스템이 존재하므로 아파트 월세에 대한 수요가 낮다. 월세가 또한 아파트 가격에

[표2-4] 1억 원 투자 시 월세 수익률

단위: 만 원

아파트	매매가	투자금	보증금	월세	수익률
A	15,000	10,000	5,000	70.0	8.4%
B	16,000	10,000	6,000	67.2	8.1%
C	17,000	10,000	7,000	64.5	7.7%
D	18,000	10,000	8,000	61.9	7.4%
E	19,000	10,000	9,000	59.5	7.1%
F	20,000	10,000	10,000	57.1	6.8%
G	21,000	10,000	11,000	54.8	6.6%
H	22,000	10,000	12,000	52.6	6.3%
I	23,000	10,000	13,000	50.5	6.1%
J	24,000	10,000	14,000	48.5	5.8%
K	25,000	10,000	15,000	46.5	5.6%

대비해 높지 않은 편이다. 그래서 월세 투자를 하게 된다면 투자금을 최소화하고 수익률을 극대화하고자 입지를 어느 정도는 포기해야 하는 상황이 생길 수 있다.

주변에서 5억 원짜리 아파트로 월세 투자한다는 이야기를 들어본 적이 있는가. 대부분은 월세로 대출 이자조차 감당하기 버거울 것이다. 아파트 월세 투자는 저렴하면서 가성비 좋고 기대 수익률이 높은 지역과 아파트를 선별해 투자할 수밖에 없다. 주로 지방이 여기에 해당한다.

월세 투자는 추후 환금성 확보 측면에서 조금 불리한 부분이 있다. 일부 사람들은 이를 보고 '뒤로 깐다'라고 표현한다. 이러한 이유로 당신이 급여 생활자라면 나는 전세 투자 방식을 먼저 추천한다.

투자하는 과정에 월세 미납 리스크를 없애고 임차인과의 마찰을 최소화하는 동시에 시세차익까지 극대화하려면 전세 투자가 월세 투자보다 유리하다. 비록 매달 입금되는 달콤한 현금 흐름은 없지만, 투자 후 유지 보수를 제외하고 신경 쓸 부분이 없다. 투자금 대비 큰 시세차익을 얻을 수 있다는 것이 매우 매력적이다.

최근 연이은 부동산 규제 정책으로 내 집 마련과 투자를 이어가기 어려운 환경이지만 전세 투자는 적은 금액으로 원하는 지역의 아파트를 매수할 수 있는 투자법이라 할 수 있다. 이 방법을 시의적절하게 활용할 줄 안다면 반드시 좋은 결과를 얻을 것이다. 나 역시 이러한 방법을 기본으로 꾸준히 투자를 이어갔으며 원하는 성과도 이루었다.

Chapter 2

지금 당장
부의 추월차선에 올라타라

부린이의
첫 부동산 공부 시작법

Step 1 독서하기

부동산에 관심이 생기면 처음에는 가까이 있는 주변 사람을 통해 정보를 얻는다. 그런데 주변에 투자 경험이 풍부한 지인이 없다면? 이때는 독서를 적극적으로 활용할 필요가 있다.

책 속에는 앞으로 당신이 겪어야 하는 일들을 미리 경험한 선배들의 노하우가 담겨 있다. 책을 통해 그들이 돈을 대하는 자세와 태도도 배울 수 있다. 부자들의 부자가 될 수 있었던 자세와 태도를 간접적으로 배운다는 의미이기도 하다.

부자들은 항상 바쁘다. 그들은 시간을 의미 없는 데 쓰지 않는다. 부지런한 동시에 남보다 빠르고 새로운 정보를 얻으려고 꾸준히 노력한다.

독서는 부자가 되기 위한 초석을 다지는 역할을 하는데, 300권 정도 정독하면 삶을 대하는 태도와 생각이 바뀐다. 독서를 시작할 때는 달라지는 부분을 느끼지 못했지만 100권이 넘어서면서 조금씩 삶이 변했고 세상을 바라보는 시야 또한 크게 확장되었다.

누적 300권이 넘어가는 시점에 1권의 책을 읽는 데 평균 두세 시간으로 단축되었고 마치 어디선가 읽었을 법한 내용을 다시 복습하는 듯한 순간도 경험했다. 꾸준한 다독을 통해 세상을 배우고 투자 원리와 노하우를 간접적으로 배우면서 내면의 지식도 1층의 건물을 올리듯이 차곡차곡 쌓아간 것이다.

나는 꾸준하게 다독을 한 결과 2년 차가 넘어서는 시점에 300권이 넘는 서적을 읽게 되었다. 독서는 투자와 달리 리스크가 없다. 읽을수록 지식을 쌓아갈수록 이득이다. 즉, 시간을 투자해서 손해 볼 일이 없다는 말이다.

많이 읽을 수 없다면 틈틈이 시간 내어 일주일에 1권 정도씩이라도 읽어보자. 단기간에 투자 인사이트를 늘리는 데 독서는 매우 훌륭한 도구임이 틀림없다.

【표2-5】에 언급한 책들은 실전 투자를 하기 전에 막 투자를

나는 오늘도 부동산에서 자유를 산다

【표2-5】 너우리가 추천하는 기본서

구분	책제목	저자	전달 메시지
1	세이노(Say no)의 가르침	세이노	삶의 지혜
2	그대, 스스로를 고용하라	구본형	사업가(투자자) 마인드
3	보도 섀퍼의 돈	보도 섀퍼	돈의 개념 재정립
4	레버리지	롭 무어	투자 기본 원리
5	투자에 대한 생각	하워드 막스	투자 원칙
6	돈, 뜨겁게 사랑하고 차갑게 다루어라	앙드레 코스톨라니	투자 원칙
7	투자는 심리게임이다	앙드레 코스톨라니	투자 원칙
8	부동산으로 이룬 자유의 꿈	자유몽	부동산 기초
9	전세가를 알면 부동산 투자가 보인다	이현철	부동산 기초
10	월급쟁이 부자로 은퇴하라	너나위	부동산 기초
11	정해진 미래	조영태	투자 리스크 관리
12	후천적 부자	이재범	투자 리스크 관리
13	국제변호사 김병국의 비즈니스 협상론	김병국	수익률 극대화
14	그릿	앤절라 더크워스	마인드 세팅
15	완벽한 공부법	고영성·신영준	실천법

배우거나 기초 지식을 쌓기 위해 읽어야 하는 기본서다. 기본서
란 이 정도는 읽어야 투자를 이해할 수 있다는 말이다. 내가 읽
었던 수백 권 중에서 기억에 남았던 책들만【표2-5】에 선별해
놓았다. 평범한 직장인의 삶을 벗어나 진정 자유를 원하는 당
신이라면 차례대로 읽어보기를 추천한다. 일부 내용은 다소 어

럽거나 이해가 되지 않을 수 있다. 나도 그런 시기가 있었다.

어느 순서로 읽어야 할지 모르겠다면 열거한 순으로 읽으면 된다. 《세이노(Say no)의 가르침》, 《국제변호사 김병국의 비즈니스 협상론》 등은 지금은 절판되어 구매하기 어려울지 모르지만, 의지만 있다면 충분히 구할 수 있다.

투자도 영어와 수학 같은 하나의 과목이다. 성장통을 거쳐야 성장할 수 있듯 꾸준한 독서를 통해 지식을 지렛대 삼아 오늘보다 내일 더욱 성장하기를 기대해본다.

너우리의 투자일기

1년에 책 1권 볼까 말까 했던 내가 처음 1권의 책을 제대로 완독했다. 벅차거나 뭔가 해냈다는 마음이 느껴지지 않는다. 이 책 1권을 읽는 데 꼬박 일주일이 걸렸다. 엉덩이가 들썩거린다. 고통이다. 쏟아지는 졸음을 참으려고 허벅지를 찌르며 읽었다. 내용도 도무지 눈에 들어오지 않는다. 이게 어떻게 도움이 되는지 모르겠다. 별로 남는 것이 없는 것 같았다.

책을 읽고 이번에는 인터넷을 검색해봤다. 주도적이면서 성공적인 인생을 사는 사람들의 이야기를 찾아본다. 유명인 블로그도 방문해본다. 그들도 꾸준히 독서를 실천했다고 한다. 모두 입을 모아 말하는 까닭이 있을 것이다. 과연 나도 그 경지에 다다를 수 있을까?

'그래. 일단 그냥 꾸준히 해보자.'

'어차피 물러날 곳도 없지 않은가.'

Step 2 투자 관련 온·오프라인 모임 참여하기

무인도에 혼자 있다면 어떤 느낌일까. 일단 경쟁할 상대가 없다. 그다음 모든 것을 스스로 깨우쳐야 한다. 뭐라도 알려주는 이가 없기 때문이다. 마지막으로 아무리 좋은 물건을 가지고 있어도 그 물건의 가치를 인정해줄 사람이 없다. 물건을 내놓을 시장도, 사람도 없다는 말이다. 그 순간부터 무인도에서 거주하는 당신의 삶이 괴로울 가능성이 매우 크다.

인간은 혼자 살 수 없는 동물이다. 훌륭한 스승 아래에 훌륭한 제자가 나온다. 누구와 함께하느냐에 따라 때로는 인생이 완전히 변하기도 한다. 독서나 주변의 도움으로 처음 투자를 배우다 보면 현장의 생생한 목소리를 듣고 싶다는 생각이 드는 순간이 찾아온다. 나와 비슷한 길을 걷는 사람들이 어떻게 준비하고 있는지 알고 싶기도 하다.

요즘은 인터넷이 매우 발달해 한 번의 검색만으로도 수많은 정보를 쉽게 얻을 수 있다. 그래서 나도 강의를 들어보고 사람들을 만나 이야기를 나눴다. 매일 책으로만 보았던 책 속의 주인공을 현장에서 만나보고 이야기를 나누고 싶었다. 그래서 용기를 내어 강의를 신청했다.

많은 책을 읽다 보면 당신이 원하는 스타일의 저자를 발견하는 순간이 온다. 그 순간이 오면 고민하지 말고 한 번쯤 강의를 신청하라. 처음에는 이런 과정조차 두렵고 떨릴지 모른다. 안면이 전혀 없는 낯선 사람과의 만남이니 당연히 그럴 것이다. 그러나 걱정할 필요는 없다. 체계적으로 구성해놓은 투자 공부 커리큘럼이 당신을 맞이할 것이다.

스스로 공부할 때 더 효과적으로 잘하는 사람이 있고 강의를 듣거나 동료와 함께할 때 더 잘 따라와 주는 사람이 있다. 선택은 당신의 몫이지만 한 번쯤은 강의를 들어보는 것도 나쁘지 않다는 것을 말해주고 싶다. 나 역시 강의 수강을 통해 한 단계 성장했고 투자 동료가 생기는 경험을 했다.

투자 동료가 생겼다는 의미는 나와 비슷한 생각, 비슷한 목표를 가지고 있는 사람들과 의견을 나눌 수 있는 자리가 마련되었다는 것을 뜻한다. 각자의 재무와 경제 상황은 다르지만, 부동산에 관한 관심만큼은 같으므로 말이 잘 통하고 공감하게 되는 것이다.

동료를 통해서 서로의 정보를 공유하고 부족한 점을 상호 보완하며 함께 성장할 수 있다. 함께 시작한 동료의 성장을 통해 동기부여가 되는 점이 가장 큰 장점이다. 이때 동료가 성장한 것을 배 아파할 것이 아니라 진정으로 축하하며 앞서 나아가는 모습을 벤치마킹해 자기 것으로 만드는 것이 중요하다.

사람마다 성장 속도는 다르다. 어떤 사람은 시작과 동시에 탁월한 감각으로 뛰어난 성과를 내기도 하는데 이를 부러워할 필요는 없다. 빨리 가는 것보다 오랫동안 살아남는 것이 더 중요하다. 남들보다 시작이 빠르다고 해서 반드시 최후까지 살아남는 것도 아니다.

당신이 본격적으로 투자할 생각이 있다면 한 번쯤 원하는 스타일의 투자 강의를 들어보는 걸 추천한다. 단, 강사가 알려주는 이야기를 종교처럼 맹신해서는 안 된다. 초보 투자자는 이 점을 유의하며 강의를 들어야 한다. 누군가가 물건을 찍어주더라도 그 물건을 객관적으로 볼 줄 아는 안목이 생기기 전까지는 함부로 손대면 안 된다는 사실을 기억하기 바란다.

레버리지를 활용해서
나무를 심자

레버리지를 활용해서

레버리지는 한마디로 '수익을 목적으로 부채, 타인 자본 등을 끌어다가 자산 매입에 나서는 투자 전략'을 총칭한다.

투자의 세계에서 레버리지를 일으킨다는 말은 종잣돈을 베이스로 대출·전세금 등을 최대한 활용해 향후 수익 창출이 가능한 곳에 투자하는 것을 의미한다. 레버리지를 활용할 때 가장 큰 장점은 월급 또는 모아놓은 종잣돈으로 살 수 없는 것들을 좀 더 빠르게 살 수 있다는 것이다. 즉, 시간을 단축해준다.

이 이야기를 하기 전에 이것만은 기억하기 바란다. 뜨거운 투자 시장 열기로 사람들은 부동산에 투자하면 엄청난 수익을 올릴 것이라고 생각하지만, 실상은 그렇지 않다. 폭발적으로 오르는 시기가 있는 반면 적당히 오르거나 유지 또는 떨어지는 시기도 있다. 그럼에도 사람들에게 적극적으로 레버리지를 활용해 투자하기를 추천한다. 이유는 다음과 같다.

⑴ 빠르게 시작할 수 있다. 집값이 1억 원이라 가정해보자. 레버리지를 활용하면 1,000만 원으로도 매수할 수 있다. 시간이 흐를수록 돈의 가치가 떨어지는 것을 고려했을 때 시작 시기도 중요하다. '복리의 기적'을 따져본다면 한 살이라도 젊을 때 시작해야 투자 성과 측면에서 압도적인 차이를 만들 수 있다.

⑵ 좀 더 많은 경험을 쌓을 수 있다. 가장 중요한 이유다. 공장에서 신제품 하나를 개발했다. 지인에게 물건을 소개하니 반응이 좋아서 하나를 팔았다. 돈을 벌 수 있는가. 부를 쌓는 게 가능한가. 아마도 최소 몇만 개, 아니 몇십만 개는 팔아야 직원 월급을 주고 사장은 이윤을 남길 것이다.

부동산도 사업과 같다. 실거주 하나만으로는 원하는 것을 얻지 못한다. 다양하면서 남들이 하지 못했던 경험을 쌓아야 하는데 레버리지는 이런 다양한 경험을 쌓을 수 있도록 도와주는 역할을 한다. 언젠가 시작해야 한다면 가급적 한 살이라도 어리고 건강할 때 빠르게 시작하는 것을 추천한다.

나무를 심자

일반적으로 사람들은 졸업과 동시에 직장 생활을 통해 사회에 첫발을 내디딘다. 그 과정에서 자립할 수 있는 실력을 키워 각자의 삶을 찾거나 직장 생활을 유지하게 된다. 첫 월급은 달콤하지만, 그 달콤함의 유효 기간은 그리 길지 않다. 빠르면 3개월 정도 후에 월급으로 할 수 있는 게 생각보다 많지 않다는 사실을 깨닫게 된다. 이때 누군가는 투잡을 고민하고 누군가는 이직을 준비하며 누군가는 현실을 받아들이고 소소한 행복을 느끼며 삶을 살아가게 된다. 선택은 각자의 몫이다.

나도 직장 생활을 시작하고 몇 년이 흐른 뒤 월급이 높지 않다는 것을 피부로 깨닫고 본격적으로 투잡을 하게 되었다. 시작은 생각보다 쉽지 않았다. 남는 시간을 온전히 투자해야 했다.

직장 생활을 한 후 주어지는 시간은 늦은 저녁과 주말밖에 없었다. 때로는 가족이나 지인들과 정서적·사회적 관계를 유지하기 위해 그 시간마저 제대로 활용하지 못했다. 잠도 부족했고 주말에도 이른 시간에 일어나야 했다. 투잡을 시작한 지 3년 정도가 흐르자 자리를 잡았고 목표했던 정상 궤도에 올랐다.

그러나 여전히 투잡을 위해 시간을 소비해야 했다. 투잡도 하나의 직업이 되는 셈이다. 시간과 노력을 투자해야 그에 따른 보상(돈)을 받게 되는 것이다. 일반적인 투잡은 육체 또는 정신

나는 오늘도 부동산에서 자유를 산다

노동을 통해 시간을 투자함으로써 생기는 노동 소득이다. 시간을 투자하지 않으면 소득이 발생하지 않는다.

반면 투자는 초창기 투잡처럼 배우고 실력을 쌓는 시기는 동일하지만, 어느 정도의 정상 궤도에 오르면 내 시간을 쓰지 않고 돈을 빠르게 버는 수단이 될 수 있다. 투자 가치가 있는 물건을 찾고 적절한 타이밍에 매수한 후 월세를 받거나 임대를 주면 그 후에는 내 시간을 소비하지 않더라도 수익 창출이 가능하다.

투자를 제대로 배우기까지의 과정은 순탄하지 않다. 돈을 잃을 수 있고 어려운 고비를 맞닥뜨릴 수 있다. 그러나 투잡 역시 어려운 시기와 체력적 한계, 여러 번의 고비가 있을 수 있다. 당신은 하루를 일하고 일당 10만 원을 받을 것인가 아니면 하루를 일하고 2~3년 뒤에 5,000만 원을 받을 것인가.

선택은 항상 당신의 몫이지만 투잡은 시간을 투입해 수익을 얻는 모델이고, 투자는 초기 시간만 투자하면 그 후에는 스스로 움직이는 자동화 수익 모델이다. 한마디로 평생 할 수 있는 또 하나의 직업을 얻는 것과 같다. 실력을 키우고 실행력을 높여 나무를 심는 속도만 높일 수 있다면 당신은 매년 열매를 따서 먹는 마법을 경험하게 될 것이다.

PART

03

꾸준함으로 얻은
투자 노하우

Chapter **1**

부동산 투자
Step 1

기본기부터
제대로 익히자

주변에서 집을 마련하거나 마련할 예정인 사람들과 이야기를 해보면 의외로 자기가 사는 지역을 잘 모르고 있다. 심지어 향후 주변 도시에서 어느 정도의 아파트 물량이 공급 예정인지, 주변에는 어떤 일자리가 들어서는지조차 잘 모르는 사람들이 태반이었다.

"여기 주변에 산업단지가 들어선다는데 알고 있었어요?"

"그래요?"

"그러면 옆에 붙어 있는 ○○시에 앞으로 2년간 아파트 대규모 공급이 있는 건 알아요?"

"잘 모르겠네요."

신입사원이 직장에 처음 취직했다고 가정해보자. 무엇부터 배울까? 어느 정도 체계가 잡혀 있는 직장이라면 OJT(On-the-job training) 교육을 한다.

OJT 교육은 신입사원이 회사 생활을 빠르게 적응할 수 있도록 도와주는 기본 소양과 업무 교육이라고 볼 수 있다. 간단한 인사 예절부터 시작해 메일 쓰는 법 등 앞으로 해야 할 일을 미리 공부하는 것이다. 자동차로 보면 출발 전에 잠시 예열해 엔진을 달궈주는 것과 같다.

부동산도 똑같다. 기초를 탄탄히 하지 않으면 큰 뜻을 이룰 수 없다. 부동산 투자의 시작은 확신이다. 자기 확신을 말한다. 내가 이 아파트를 매수하는 순간 평생 팔지 않을 생각으로 매수를 결정하는 것이고 비록 아파트 매매가격이 내가 산 가격에서 떨어지더라도 철저하게 알아보고 준비했으므로 기다릴 힘이 생기게 되는 것이다.

평범한 내가 믿음과 확신 속에 투자를 이어갈 수 있었던 이유도 기초를 튼튼하게 쌓은 덕이라고 볼 수 있다.

【표3-1】은 내 집 마련을 하거나 투자를 하겠다면 반드시 제대로 알고 넘어가야 하는 부분이다. 매수할 부동산의 가치를

[표3-1] 부동산 투자 시 기본 검토 항목

우선순위	기본 항목	우선순위	기본 항목
1순위	① 공급 ② 교통(역세권) ③ 일자리 ④ 미분양	3순위	⑧ 초품아 ⑨ 평단가 ⑩ 연봉 ⑪ 인구 이동 ⑫ 주차시설 ⑬ 유해시설
2순위	⑤ 인프라(편의시설) ⑥ 학군(학원가) ⑦ 전세가율	4순위	⑭ 숲세권 ⑮ 아파트 브랜드 ⑯ 자가점유율 ⑰ 지역 이미지

판단해주는 지표가 되면서 저평가와 고평가 구간을 가늠할 수 있는 힌트를 캐치하는 기준이 된다. 물론 【표3-1】에 언급한 것 외에 금리, 매매/전세가격지수, 매수심리지수, 정부 정책, 거래량 등 가격에 영향을 주는 요소가 존재한다. 부동산 투자 공부가 끝이 없는 이유이기도 하다.

그러나 내가 언급한 부분만큼은 반드시 제대로 공부하고 넘어가자. 투자하기 위한 검토 우선순위를 고려하되 이 17가지는 단 하나도 빠짐없이 완벽에 가깝게 공부하고 나서 임장해 매수를 결정해야 한다.

앞으로 당신이 시장에 나왔을 때 함께 경쟁하는 사람들은 10년, 20년 전부터 투자를 배우고 실천하고 있는 투자 고수들이라는 사실을 잊지 말라. 그들은 시장에서 여러 차례 매수·매도를 경험하면서 꾸준히 실력을 쌓은 덕분에 시장을 아주 잘 알고 있고 매수와 매도 타이밍을 기가 막히게 예측한다. 제대로 준비하지 않는다면 그들의 먹잇감이 될 게 뻔하다. 지금부터 기본 검토 항목을 하나씩 설명하겠다.

1. 공급

공급의 기준은 아파트다. 빌라나 오피스텔도 있지만 입주 규모부터 차이가 나므로 공급이 많다 적다의 기준은 아파트로 판단해도 충분하다. 그렇다면 아파트 공급량이 많을 때 투자를 해야 할까, 공급량이 적을 때 투자를 해야 할까?

【그림3-1】 경기도 안양시 아파트 공급량

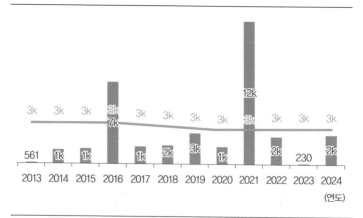

자료: 부동산지인

나는 오늘도 부동산에서 자유를 산다

수도권을 예로 들어보자. A도시의 향후 공급량이 많더라도 A도시의 공급량을 B도시 또는 주변 도시의 수요로 충분히 채울 수 있는 교통 인프라가 조성되어 있다. 따라서 단순하게 A도시의 공급량이 많다고 해서 A도시의 투자를 주저하면 후회할지 모른다.

【그림3-1】은 경기도 안양시의 사례다. 안양시는 2021년에 기초 수요의 4배에 달하는 역대급 아파트 공급을 앞두고 있었다. 단순히 공급과 수요만 고려하면 아파트 가격 상승에 영향을 줄 것 같았지만 실제로 이 시기에 안양시는 가격이 가파르게 상승했다.

【그림3-2】의 2016년 7월부터 2021년 7월까지의 실거래 흐름

【그림3-2】 경기도 안양시 G아파트 실거래가 흐름

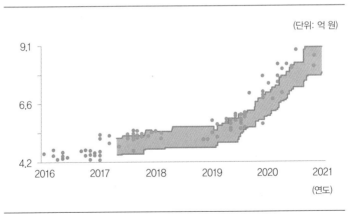

자료: 네이버부동산

을 보면 알 수 있듯이 안양시에 위치한 구축 G아파트는 대량 공급을 앞두고 있는 2020년에도 꾸준히 우상향을 보였고 주변 아파트들도 비슷한 상승 흐름을 보이게 된다. '공급 폭탄=가격 하락' 공식이 성립되지 않은 사례라고 볼 수 있다.

여러 도시가 서로 교통으로 연결되어 있어 이동이 수월한 수도권은 공급량을 볼 때 반드시 주변 도시의 공급과 외부 유입 수요도 함께 고려해서 투자해야 한다.

반면 인접 도시와의 연결성이 떨어지고 한 도시로 구성된 지방 도시는 내부 수요의 영향이 크므로 해당 도시의 공급량은 아파트 가격에 큰 영향을 줄 수 있다.

투자자라면 이 점을 유의해서 유연한 생각을 가지고 투자해야 한다. 공급량이 많을 때가 오히려 저점 매수의 기회가 될 수 있으니 말이다.

2. 교통(역세권)

통상적으로 역에서 500~600미터 떨어진 곳까지 역세권이라 부른다. 어떤 이들은 300미터 이내를, 또 어떤 이들은 800~900미터 이내를 역세권이라 정의한다.

역세권에 대한 명확한 법적인 기준은 없지만 나는 역세권을

600~800미터 이내로 본다. 800미터가 넘으면 현실적으로 전철 역까지 아무리 빨리 걸어도 10분 이내에 이동하기 어려워서 정한 기준이다. 이런 기준은 각자가 정하기 나름이지만 1킬로미터 이상을 역세권이라고는 하지 않는다.

주요 업무지구로 출퇴근하고 있는 수도권에 사는 사람들에게 출퇴근은 말 그대로 지옥이다. 단 5분이라도 일찍 가려면 역세권 거주를 선택할 수밖에 없다. 역세권 아파트의 가격이 오르는 이유는 이런 수요가 모였기 때문이다.

유사한 조건에서 비역세권과 역세권의 아파트 가격이 동일하다면 고민하지 말고 역세권을 선택하라. 가상 현실 출근 등 혁신적인 업무 개선이 이뤄지지 않는 한 역세권 불패는 영원할 것이다.

3. 일자리

근로자 수 기준으로 수도권의 주요 업무지구는 크게 7가지 정도로 나눠볼 수 있다. 강남, 광화문 인근, 여의도, 수원시, 판교, 용산구, 화성시 등이 있으며 추가로 남동·반월공단 등이 있을 수 있다. 인천은 수도권이라고 볼 수 있으나 행정 구역상 광역시이므로 제외한다.

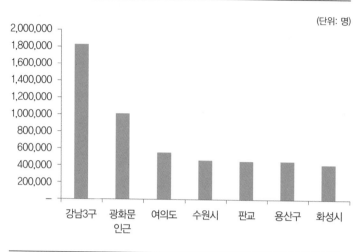

자료: 국세통계포털

　2020년 기준 강남3구(강남구·서초구·송파구)에 182만 명, 광화문 인근(중구·종로구·서대문구)에 100만 명, 여의도(영등포구)에 55만 명이 근무한다. 서울 전체 근로자 수가 590만 명 수준인 것을 감안하면 전체의 57%가 3곳에 근무하는 셈이다.

　그 밖에 서울과 수도권(경기)에서 45만 명 이상 근무하는 곳을 찾아보면 수원·판교·용산구 3곳뿐이다. 화성에는 약 41만 명이 근무하고 있다.

　【그림3-3】에서 근로자 수가 많은 3대 업무지구인 강남·광화문·여의도를 주목할 필요가 있다. 예부터 일자리가 많은 곳에 사람이 모여 살게 되고 사람이 모일수록 그 지역의 가치가 오르

는 것은 당연지사다.

서울과 수도권의 부동산 가치는 시간이 흐를수록 빛을 볼 것이다. 투자할 때 일자리가 많은 곳으로 얼마나 신속하게 이동이 가능한가는 반드시 체크해야 하는 부분이다. 내가 살아서 좋은 것과는 다른 문제다.

예를 들어 경기도 군포시 또는 의왕시에 살고 있는데 근무하는 직장이 같은 지역이라면 어떨까.

직장과 가까운 곳에 사는 게 아니라 그 안에서도 주요 3대 업무지구와 가까운 곳으로 자리를 잡는 것이 장기적인 자산 축적 관점에서 도움이 될 것이며 풍부한 수요로 매도하기가 좀 더 수월할 것이다.

다른 건 몰라도 근로자 수가 가장 많은 3대 주요 업무지구의 위치는 기억하고 투자 시 꼭 체크하기 바란다.

지역별 평균 연봉과 근로자 수 파악하는 방법

① 국세통계포털(https://tasis.nts.go.kr) 접속
② 통계표 발행연도를 최근 연도로 설정
③ '4-2-14 시군구별 근로소득 연말정산 신고현황(원천징수지)' 클릭
④ '급여총계' 확인 → 통계표 엑셀 다운로드
⑤ 지역별 평균 연봉과 근로자 수 확인

4. 미분양

미분양은 하락장 또는 보합하는 시장에서 증가하는 흐름을 보이다가 상승장이 도래하면서 감소하는 모습을 보인다. 미분양은 해당 지역을 투자처로 정하거나 실거주하는 데 맨 먼저 봐야 하는 지표로 이를 통해 과거의 추세와 현재의 흐름, 미래의 모습을 가늠해봐야 한다. 투자자라면 아파트 미분양 추이를 주의 깊게 봐야 한다.

【그림3-4】는 부산 지역의 미분양 아파트 흐름이다. 2020년 들어 급감했다. 수요 증가와 공급 부족을 향해서 달려갈 때 나타나는 현상이다. 이 시기에 맞춰 아파트 가격 역시 가파르게 상승했다.

【그림3-4】 부산광역시 미분양 아파트 현황

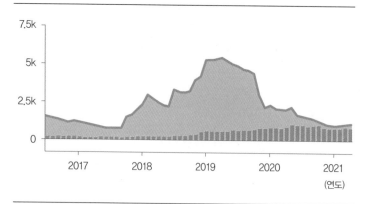

자료: 부동산지인

나는 오늘도 부동산에서 자유를 산다

미분양은 심리적인 요소도 작용한다. 인구 50만 명 지역에 미분양이 발생한다는 정보를 입수하면 해당 지역을 유심히 관찰하기 바란다. 미분양이 급감하는 타이밍이 흔히 말하는 바닥을 알리는 신호이기 때문이다. 이 타이밍에 1군 아파트를 위주로 투자한다면 큰 시세차익을 얻을 수 있을 것이다.

최근 대구광역시에서 부동산 미분양 뉴스가 나왔다. 향후 공급량이 상당하고 2020년부터 고평가 논란이 있었다. 앞으로

[표3-2] 전국 시군구별 미분양 현황

		43,268	39,456	38,304	36,629	33,894	29,262	28,883	28,831	28,309	26,703	23,620	19,005	17,130	15,786	15,270	15,798	15,660
구분	시군구	'20.1	'20.2	'20.3	'20.4	'20.5	'20.6	'20.7	'20.8	'20.9	'20.10	'20.11	'20.12	'21.1	'21.2	'21.3	'21.4	'21.5
서울	계	131	112	91	78	70	61	58	56	54	52	52	49	49	88	82	76	71
부산	계	2,266	2,061	1,979	1,993	2,149	1,666	1,544	1,454	1,397	1,262	1,084	973	944	966	1,032	1,086	1,076
대구	계	1,414	1,072	1,031	1,068	1,159	940	957	1,624	1,216	1,143	667	280	419	195	153	897	1,185
인천	계	1,035	487	449	481	342	266	294	525	414	822	691	466	245	142	130	123	125
광주	계	59	36	32	31	31	31	31	31	259	245	88	31	307	44	44	75	73
대전	계	941	1,012	968	917	871	875	849	783	773	832	831	638	635	599	592	578	572
울산	계	1,142	659	695	699	614	555	548	502	494	474	473	468	438	436	419	419	508
경기	계	3,735	3,634	3,662	3,224	2,604	2,445	2,793	2,585	3,338	2,733	2,440	1,616	1,567	1,367	1,308	1,390	1,107
강원	계	4,964	4,168	3,902	3,742	3,470	3,202	3,015	2,816	3,060	2,884	2,648	3,115	2,671	2,340	2,063	1,817	1,605
충북	계	1,166	1,202	1,109	919	365	355	352	337	319	307	275	273	234	211	760	680	751
충남	계	5,470	5,085	4,843	4,334	4,695	3,683	3,266	3,233	3,030	3,235	3,582	2,510	2,061	1,913	1,758	1,637	1,508
세종	계	–	–	–	–	–	–	–	–	–	–	–	–	–	–	–	–	–
전북	계	1,009	924	849	822	661	631	534	511	488	444	400	661	251	227	170	125	275
전남	계	1,654	1,455	1,387	1,373	1,249	1,244	1,244	860	758	1,073	1,059	1,059	1,046	964	1,017	999	981
경북	계	5,639	5,436	5,296	5,077	4,306	3,487	3,276	3,423	3,325	2,922	2,541	2,154	2,049	2,493	2,488	2,259	2,070
경남	계	11,586	11,099	10,827	10,590	9,971	8,542	8,840	8,841	8,163	7,042	5,581	3,617	2,964	2,580	2,123	2,603	2,753
제주	계	1,057	1,014	1,184	1,281	1,337	1,279	1,282	1,250	1,221	1,233	1,208	1,095	1,250	1,221	1,131	1,034	1,000

자료: 국토교통부

대구광역시의 흐름을 유심히 봐야 한다. 시간이 흐른 후 쌓이는 미분양이 해소되고 공급이 감소한다면 또 다른 투자 기회로 다가올 수 있기 때문이다.

전국 지역 미분양을 쉽게 파악하는 방법

① 국토교통부 통계누리(https://stat.molit.go.kr) 접속
② 메인 화면에서 '주택' 선택
③ 통계 선택에서 '주택 → 승인통계 → 미분양주택현황보고' 선택
④ 요약정보에서 '미분양주택현황_(○○○○년 ○○월 말)_통계누리★(완)' 파일 다운로드
⑤ 【표3-2】처럼 전국 도시별 미분양 현황 확인 가능(요약)

5. 인프라(편의시설)

해당 지역의 구매력을 결정하는 대표 요소로 백화점과 대형마트가 있다. 이 2가지가 존재하는 것만으로도 충분히 가치가 있다. 갈수록 온라인 거래 비중이 늘어나 지금까지 살아남아서 이익을 창출하는 인프라 시설들은 그 지역의 수요를 가늠할 충분한 투자 증거가 될 수 있기 때문이다.

대기업은 바보가 아니다. 돈이 되니 해당 지역에 백화점과 대형마트를 지었다. 돈이 되지 않으면 가차 없이 철수하기도 한다.

대형마트인 홈플러스는 2020년 대전광역시에 위치한 매장 2곳(탄방점·둔산점)을 철수했다. 대부분 입지가 괜찮은 곳임에도 기대 수익이 나지 않는다는 이유 등으로 매각을 결정했다. 백화점·마트가 가까운 것을 참고해서 아파트를 매수했는데 마트가 갑자기 철수한다면 허무하지 않을까. 같은 백화점·마트라도 지역에 따라 그 가치는 조금씩 다르므로 매출이나 향후 수요 부분까지 고려해서 투자해야 한다.

【표3-3】은 2019년 기준 전국 백화점 매출 순위다. 강남과 서울의 매출이 가장 높고 그다음이 부산이다. 시장은 수요에 의해 매출이 결정된다는 것을 알 수 있다.

투자하기 전에 반드시 이런 데이터를 참고해 매수해야 한다. 앞으로도 매출이 유지되거나 성장한다는 의미는 수요가 풍부하다는 뜻이고 수요 풍부는 곧 아파트 가격을 지탱해주는 버팀목이 되기 때문이다.

6. 학군(학원가)

학군을 대변하는 것은 크게 학업성취도와 학원가가 있다. 학업성취도의 기준은 중학교를 의미하는데 중학교 학업성취도 점수와 특목고 진학률은 해당 학생들의 객관적인 실력을 의미한

[표3-3] 2019년 국내 5대 백화점 점포 매출 순위

단위: 억 원, VAT 포함

순위	점포명	매출	신장율
1	신세계 강남점	20,373	14.00%
2	롯데 본점	17,338	−0.70%
3	롯데 잠실점	15,210	4.20%
4	신세계 센텀시티점	11,460	4.70%
5	롯데 부산본점	10,073	5.50%
6	현대 판교점	9,204	5.00%
7	현대 무역점	8,921	2.80%
8	현대 본점	8,520	3.90%
9	신세계 대구점	7,970	9.50%
10	신세계 본점	7,788	11.30%
11	갤러리아 명품관	7,465	8.30%
12	현대 목동점	6,734	−2.30%
13	갤러리아 타임월드점	6,502	5.00%
14	현대 대구점	6,404	2.80%
15	신세계 광주점	6,188	14.10%
16	신세계 경기점	5,808	0.10%
17	롯데 인천터미널점	5,553	−
18	AK 수원점	5,390	−2.10%
19	현대 중동점	4,925	−2.60%
20	롯데 영등포점	4,670	−2.40%
21	롯데 노원점	4,641	−2.70%
22	AK 분당점	4,610	−4.10%
23	신세계 영등포점	4,569	4.50%
24	현대 신촌점	4,292	−10.40%
25	롯데 광복점	4,240	−2.50%
26	롯데 평촌점	4,156	2.30%
27	현대 울산점	4,015	−1.40%
28	현대 천호점	3,976	2.00%
29	현대 미아점	3,701	−5.40%
30	신세계 의정부점	3,570	4.80%

자료: 〈어패럴뉴스〉

나는 오늘도 부동산에서 자유를 산다

학업성취도

순위	학교	평균	국어	영어	수학
1	오마중학교	92.1%	95.4%	92.2%	87.6%
2	신일중학교	89.3%	95.3%	87.6%	85.0%
3	발산중학교	89.0%	94.8%	90.1%	82.1%
4	대송중학교	85.6%	93.0%	86.5%	77.4%
5	덕이중학교	85.2%	95.0%	82.8%	77.8%
6	일산중학교	85.2%	92.4%	84.8%	78.4%
7	호곡중학교	84.3%	93.2%	83.8%	76.0%
8	한수중학교	84.2%	90.9%	83.8%	78.0%
9	장성중학교	80.9%	94.2%	75.5%	72.8%
10	대화중학교	80.7%	88.9%	82.1%	71.0%
11	일산동중학교	79.9%	91.9%	79.1%	68.7%
12	고양송산중학교	79.0%	88.6%	75.7%	72.6%
13	현산중학교	70.0%	85.3%	65.5%	59.2%

학군 정보

발산중학교   경기영상과학고등학교

학력 89.0% 보통학력이상(국영수 평균)
평균 경기 **74.6%** / 고양시 일산서구 **83.4%**
진학률 4.6%(특목고)
주소 경기도 고양시 일산서구 주엽동

고양시 일산서구 중학교 분석

자료: 아파트실거래가 앱

다고 볼 수 있다.

　나는 아파트실거래가 앱을 사용해 그 지역의 중학교 학군을 파악하고 그다음에 지역 카페를 통해 학군에 대한 그 지역 사람들의 생각을 간접적으로 들어본다.

　그러고 나서 부동산중개소를 통해 다시 한번 검증에 나선다. 맘카페를 통해서 확인한다면 해당 지역의 교육 현황을 좀 더 리얼하게 확인할 수 있다.

　학원가는 학군과 밀접한 관련이 있다. 강남 대치동, 분당 등이 학군으로 유명한 이유는 학원가들의 역할이 크다고 볼 수 있다. 학원이 밀집되어 있다는 의미는 충분한 수요가 있다는 의

【그림3-6】 경기도 성남시 학원가 규모와 위치 현황

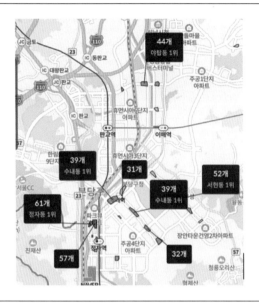

미며 수요가 몰리면 학업 성취도 또한 오르는 경향이 있다. 경제 관점에서 수요로 인해 가격이 오르는 것과 유사한 원리다.

요즘은 시대가 참 좋아졌다. 【그림3-6】과 같이 어플을 통해서 학원가의 개수와 위치 파악이 가능하다. 우리나라는 부족한 자원을 인적 자원으로 극복해 빠르게 성장한 나라다. 자녀 교육에 관한 부모의 교육열이 그 어느 나라보다 높은 만큼 내 집을 마련하거나 투자를 할 때 학군은 중요한 고려 사항이다. 덤으로 양질의 학원 개수까지 많다면 금상첨화일 것이다.

학원이 집중적으로 모여 있는 지역, 학업성취도가 높은 지역은 전세가율이 높은 편이고, 매물 로테이션 또한 비교적 빠르다는 장점이 있다. 학군도 고려해서 투자나 내 집 마련을 한다면 좋은 결과를 얻을 것이다.

7. 전세가율

전세가율은 투자의 기준이 되는 아주 유용한 지표다. 시장의 흐름을 파악하고 투자금을 최소화하려면 전세가율은 반드시 살펴봐야 한다.

한두 번 투자하고 멈출 것인가. 가장 좋은 투자는 최소의 자금으로 최대의 성과를 내는 것이다. 다만 수도권은 전세가율이 낮더라도 빠른 투자금 회수가 가능하다면 나는 충분히 투자가치가 있다고 본다.

빠르게 투자금을 회수하고 이를 다시 재투자하는 것도 전세가율이 높은 아파트에 투자하는 것과 크게 다르지 않다. 전세가율이 높은 아파트를 우선 고려하되 핵심은 빠른 투자금 회수인 점을 기억하자.

나는 한 지역의 단지별 매물 시세를 하나씩 직접 엑셀 프로그램에 기입해 비교하는 방법을 선호한다. 오래 걸릴 것 같지만 두세 시간이면 한 지역의 단지들을 모두 기록할 수 있다. 직접 기입하면 기억에 더 오래 남고 앞으로도 활용할 수 있어 직접 찾아서 적고 있다.

전세가율이 높은 아파트를 선별하는 방법과 전세가율을 보는 법은 Part 5에서 자세히 다루도록 하겠다.

8. 초품아

초품아는 입지적으로 초등학교와 붙어 있는 아파트를 말한다. 나는 초품아를 좋아한다. 매수하는 아파트들이 한결같이 초품아 아파트다. 이런 투자를 하는 이유는 있다. 초품아, 즉 초등학교를 끼고 있는 아파트에 거주하면 초등학교 입학부터 졸업까지 총 6년간 아이들을 등하교시킬 수 있고, 그로 인해 수요를 꾸준히 잡아주는 효과도 있기 때문이다.

부동산 투자는 확률 게임으로 버틸 수 있는 체력과 최소한 내가 투자한 원금을 유지할 수 있는 확률을 가져갈 수 있는가도 중요하다. 6년간 거주하면서 아이를 안전하게 키울 수 있는 장점은 초품아 아파트를 원하는 수요를 형성하는 데 도움이 되므로 저평가 초품아는 투자처로서 충분히 가치가 있다.

유사한 조건에 초등학교가 붙어 있는 아파트와 그렇지 않은

나는 오늘도 부동산에서 자유를 산다

아파트가 있다면 고민하지 말고 초품아를 매수하자. 대세 상승장에서 이 두 단지의 차이는 그리 크지 않을지 모르나 장기적으로 초품아가 유리할 수밖에 없다.

9. 평단가

평단가는 단지와 단지 상대평가의 유용한 지표가 되곤 한다. A단지의 평균단가와 B단지의 평균단가를 비교함으로써 A단지가 저평가인지 B단지가 저평가인지 가늠해보는 것이다. 최근처럼 가파른 상승장에서의 평단가는 의미가 없다. 오히려 특정 평단가를 기준으로 스스로 마지노선을 긋는 우를 범할 수 있다.

따라서 평단가는 참고만 하고 상대평가를 통해 가치를 판단해야 한다. 아파트의 입지를 비교하는 방법은 뒷부분에서 추가로 설명하겠다.

10. 연봉

거주자들의 연봉이 높은 지역이 아파트 가격이 더 높을까? 【그림3-7】은 2020년 지역별 상용근로자 임금총액 순위를 나타

【그림3-7】 2020년 4월 기준 상용근로자 임금총액 순위

(단위: 원)

서울	417만 8,000
울산	416만 6,000
경기	379만 2,000
전국	387만 8,000
세종	375만 6,000
충남	374만 8,000
경북	370만 4,000
전남	366만 1,000
경남	353만 8,000
대전	352만 6,000
충북	351만 2,000
인천	344만 3,000
부산	338만 2,000
전북	332만 7,000
광주	327만 3,000
강원	323만 8,000
대구	314만 8,000
제주	289만

자료: 〈중앙일보〉, 고용노동부

낸 것이다. 【그림3-7】에서 보는 것과 같이 울산광역시는 현대중공업 같은 대기업이 많이 모여 있는 곳으로 단순 임금총액 기준으로 전국 2위의 연봉을 기록하고 있다.

그런데 실제 아파트 가격은 연봉에 준하지 않는다. 단순히 연봉만 고려했을 때 서울 아파트 가격과 유사한 흐름을 보여야 한다. 연봉과 아파트 가격과의 상관관계가 항상 양의 흐름을 보이지 않는다는 것을 증명한 대표적인 사례라고 볼 수 있다.

따라서 연봉은 하나의 지표 정도로 활용하면 된다. 높으면 좋지만 낮다고 해서 나쁜 것이 아니다. 그에 걸맞은 가격이 형성되어 있는가가 더 중요하다.

11. 인구 이동

거주 지역에서 다른 지역으로 얼마나 많은 사람이 매년 이동하고, 반대로 다른 지역에서 당신이 사는 곳 또는 매수할 곳으로 얼마나 많은 인구가 유입되는지 살펴야 한다. 이런 인구 이동 흐름을 통해 향후 펼쳐질 시나리오를 예측해볼 수 있다.

특정 지역으로 꾸준히 인구 이동이 되고 있다면 향후 해당 지역으로 이동할 가능성이 크다. 왜 사람들이 그 지역으로 이동했는지 이유도 찾아볼 필요가 있다.

TIP

- 투자할 도시와 근접 주변 도시의 물량 폭탄이 쏟아지는 시기를 주목하라.
- 신축 대단지의 마지막 입주를 6개월에서 1년 앞둔 시점에 해당 지역 매물과 가격 흐름을 파악할 필요가 있다.
- 기존 원도심의 구축 물량 가격 변화에도 관심을 둬야 한다.
- 신축 갈아타기를 목적으로 비교적 저렴한 구축 아파트 매물이 출몰할 가능성이 크다.

이런 부분들은 임장 또는 부동산 방문을 통해서도 어느 정도 예측해볼 수 있는데 나는 울산광역시 하락장 임장 과정에서 인사이트를 얻었다.

12. 주차시설

아파트 단지 내 주차 대수를 의미한다. 요즘은 1가구 기준으로 차량 한두 대쯤은 보유하고 있다. 따라서 단지 내 주차 대수도 투자와 실거주를 고려하는 중요한 검토 항목이 된다.

나는 신혼을 1992년식, 주차 가능 대수 0.4대 아파트에 거주했는데 저녁 7~8시만 되어도 만차였다. 새벽이나 이른 아침에 주민들의 호출로 차를 빼달라는 요청이 가장 힘들었다. 그 고통은 경험해본 사람만이 안다. 물론 1990년대에 지어진 모든 아파트가 다 그런 것은 아니다. 오래된 아파트를 무시하는 것은 아니니 오해 없기를 바란다.

주차 대수는 반드시 확인해야 하는 부분이다. 투자나 실거주 전에 최소 한두 번은 늦은 저녁 시간대에 매수할 단지 내 주차장 방문을 추천한다. 나 역시 항상 주차시설은 눈으로 직접 확인하고 매수를 결정한다.

주차난이 빈번한 단지일지라도 차량이 단지 내외부로 잘 빠지는 구조로 된 단지가 있는데 이런 단지들은 충분히 매수할 가치가 있다. 이런 단지들의 특징은 주차 대수는 적지만 아파트 동 간 간격이 넓고 주차 간격과 도로 폭 또한 넓다. 나름의 틈새 시장이라고 볼 수 있다.

13. 유해시설

대표적인 유해시설로 폐기물처리장, 원자력발전소, 하수처리장 등을 꼽을 수 있다. 인프라 관점에서는 유흥시설이 이에 해당한다. 전자는 주로 외곽에 있어 지방에 위치한 경우가 많고 후자는 각 도시에 있다. 지방 아파트는 환경 유해시설의 존재를 신경 써서 투자나 실거주 매수를 결정해야 한다. 이런 부분을 간과하면 자칫 장기적으로 고통받을 수 있다.

제조 위주로 구성된 공단 주변은 직장으로 인해 사람들이 몰리는 곳이지만 리스크도 동시에 안고 있는 양날의 검이 될 수 있다. 부동산 매물을 검색하다 보면 공단 주변 아파트 가격이 상대적으로 저렴한 것을 알 수 있을 것이다. 이렇게 유사한 조건의 단지일 때 공단 주변보다는 살기 쾌적한 동네를 선택해야 한다.

【그림3-8】은 수원의 W아파트 사례다. 구축이지만 유독 다

른 아파트보다 가격이 저렴하다. 공단에 둘러싸인 이런 곳들은 상승장에서도 상대적으로 크게 오르지 않는다. 단, 삼성 같은 비교적 우수한 임금과 근로 환경을 제공하는 대기업 주변은 예외가 될 수 있다.

대표적인 예로 청주 D아파트를 들 수 있다. 반도체 공장 옆에 있지만, 청주의 부촌으로 급부상하고 있으며 앞으로도 흐름은 지속될 것이라고 본다.

[그림3-8] 경기도 수원시 W아파트 평단가

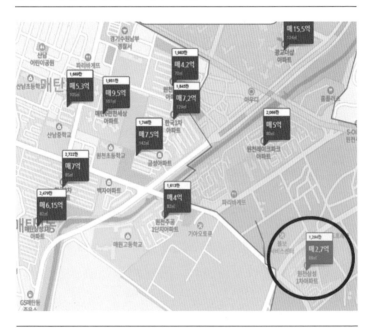

자료: 네이버부동산

14. 숲세권

주로 높은 연령층에서 선호하는데 숲세권을 숲으로 둘러싸인 곳이라고 오해하면 안 된다. 숲은 보기에는 좋으나 실제로 살기에는 무서운 곳이다. 자칫 여름에 모기와 벌레로 시달릴 수 있다.

여기서 말하는 숲세권이란 주변 자연경관과 아파트가 잘 어우러지면서 단지 내 환경 조성이 잘되어 있고 단지 주변에 쾌적한 공원이 조성된 곳을 의미한다.

부동산도 사람이 사는 곳이므로 환경이 좋아지고 쾌적해지면 수요가 증가한다. 그런 환경에 익숙해지면 거주 만족도가 높아지면서 수요도 받혀줘 장기적으로 우상향을 그릴 가능성이 커진다. 쾌적한 주변 환경도 투자의 이유가 될 수 있음을 기억해주면 좋겠다.

15. 아파트 브랜드

【표3-4】는 2020년 사람들이 선호하는 아파트 건설사 브랜드 순위다. 한 번씩 들어봤을 법한 이름이다. 수십 년간의 건설 실적이 증명하듯 상위 브랜드 건설사가 집을 짓는다면 가격이

【표3-4】 2020년 시공능력평가 상위 15개사

순위	업체명	순위	업체명
1	삼성물산	9	HDC현대산업개발
2	현대건설	10	에스케이건설
3	대림산업	11	한화건설
4	지에스건설	12	호반건설
5	포스코건설	13	태영건설
6	대우건설	14	반도건설
7	현대엔지니어링	15	중흥토건
8	롯데건설		

자료: 국토교통부

상승할 확률이 높아진다.

투자 성공 확률을 조금이라도 높이려면 가급적 브랜드 아파트를 매수하기를 추천한다. 단, 브랜드가 투자를 결정하는 핵심 요소는 아니다. 브랜드만 보고 투자를 결정하지 말자는 얘기다. 같은 조건에서 옵션으로 선택할 수는 있다. 다가올 MZ세대는 브랜드 가치를 중요시하기 때문이다.

사람들은 가격이 좀 더 비싸더라도 누구나 아는, 인정하는 곳에 살고 싶어 한다.

지인들 역시 브랜드 아파트를 선호한다. 이유는 이러했다. (1) 건축 품질에 신뢰가 간다. (2) 브랜드라 좋다. 명품을 소유하는 것과 비슷한 느낌이다.

16. 자가점유율

자가점유율을 간과해서는 안 된다. 실제 다주택자(2주택 이상) 비율은 전체의 15.9%(자료: 통계청)에 불과하다. 시장을 이끄는 것은 투자자가 아닌 실거주자 즉, 무주택자다. 시장에서 무주택자가 얼마나 많은가는 향후에 발생할 잠재 수요의 중요한 단서가 된다.

【그림3-9】는 2019년 지역별 자가점유율 현황이다. 경상도와 전라도의 자가점유율이 유난히 높다. 장기적으로 이런 지역은 리스크가 존재할 수 있다. 반면 서울의 자가점유율은 여전히 낮다. 자가점유율이 낮다는 것은 여전히 잠재 매수 수요가 있다는 뜻이고 나아가 전·월세 수요가 꾸준히 유지되는 조건 성립에 유리할 수 있다. 가격이 떨어지기 쉽지 않은 구조라는 뜻이기도 하다.

지역별로 투자를 할 때 자가점유율을 반드시 확인하기 바란다. 또, 알고 투자하는 것과 모르고 하는 것은 다르다는 것을 기억해주기 바란다. 단, 단순 자가점유율만 가지고 상승과 하락을 판단하기에는 여전히 부족한 점이 많다. 투자 시 참고 정도로만 기억하면 될 것이다.

【그림3-9】2019년 전국 자가점유율과 2015년 인구밀도 비교

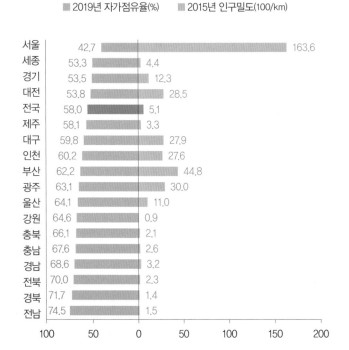

■ 2019년 자가점유율(%)　　■ 2015년 인구밀도(100/km)

지역	2019년 자가점유율(%)	2015년 인구밀도(100/km)
서울	42.7	163.6
세종	53.3	4.4
경기	53.5	12.3
대전	53.8	28.5
전국	58.0	5.1
제주	58.1	3.3
대구	59.8	27.9
인천	60.2	27.6
부산	62.2	44.8
광주	63.1	30.0
울산	64.1	11.0
강원	64.6	0.9
충북	66.1	2.1
충남	67.6	2.6
경남	68.6	3.2
전북	70.0	2.3
경북	71.7	1.4
전남	74.5	1.5

자료: KB부동산(통계청 주거실태조사)

17. 지역 이미지

옷으로 따지면 브랜드 이미지를 말한다. 명품은 막연히 좋을 거라고 생각하는 것처럼 지역에 대한 이미지도 가격을 결정하는 요소이기도 하다.

10만 원짜리 명품은 없다. 지역 이미지가 좋은 곳은 언제나 그 이름에 걸맞은 가격으로 구성되어 있다.

실거주라면 좋은 지역을 비싼 가격에 지불하고 거주하는 사람도 있겠지만 나는 오히려 그리 좋지 않은 이미지의 지역 부동산을 아주 싼 가격에 매수하는 것도 방법이 될 수 있다고 생각한다. 평생 그곳에 살 것은 아니지 않은가. 가격이 많이 싸다면 그런 곳에서도 충분한 기회가 있으니 참고하기 바란다.

이미지가 상대적으로 나쁘더라도 그 지역도 사람이 모여 사는 곳이다. 지역 이미지는 장기간 쌓아지는 명품 같은 브랜드 가치이므로 대부분은 가격에 선반영되어 있다. 시드머니가 부족한 사람이 사야 할 물건은 이것이다.

지역 이미지가 바뀔 수 있는 물건 즉, 향후 이미지에 변화를 줄 수 있는 물건을 사야 한다. 그런 물건들은 3~4년 장기 투자한다면 반드시 좋은 결과를 맺을 것이다.

투자를 하기 위한 기준은 있는가

●
○
○
○

물건을 파는 사람이나 물건을 사는 사람이나 모두 목적과 이유가 존재한다. 어디까지를 투자로 봐야 할까?

나는 물건을 산 후 가격이 오르거나 내리면 그 자체를 두고 '투자를 했다'라고 본다. 즉, 내가 생각하는 투자는 물건의 가치가 변하는 것을 말한다. 오를 것을 기대하고 집을 매수한 것도 투자이며 실거주를 위해 매수한 것도 투자다.

모두가 살기 좋아하는 집, 주변 주민들이 살기 좋다는 집, 나만 좋아하는 집 중 어떤 집을 사야 할까? 정답은 당연히 모두가 살기 좋아하는 집이다. 사람들은 정답을 알고 있다. 그러나 막상 집을 살 때면 '나만 좋아하는 집'에 점점 더 눈이 간다.

여러 이유가 있겠지만 대체 왜 사람들은 자기가 좋아하는 집을 매수할까?

(1) 돈 때문이다. '나만 좋아하는 집'은 '모두가 살기 좋아하는 집'보다 저렴할 확률이 높다. 가성비가 좋다고 말한다. 연식도 같은데 가격은 평당 500만 원 이상 날 수 있다. 심지어 같은 지역 안에서도 1,000만 원씩 차이 나는 아파트가 적지 않다. 시간이 흐르고 나면 가격 차는 더욱 벌어지기도 한다. 빈번하고 아주 흔하게 일어나는 현상이다.

(2) 명확한 부동산 투자 기준이 없기 때문이다. 실거주도 투자로 보고 접근해야 하는데 자기가 편한 곳에 집을 장만하고 그대로 거주하게 되는 것이다. 내 집 마련으로 만족하고 그 후에 부동산에 관심을 접은 결과는 10년 뒤에 수억 원의 자산 격차로 이어지곤 한다.

물론 부동산 투자 기준은 사람마다 다를 수 있다. 누구는 역세권을 좀 더 비중 있게 보고 누구는 학군을 더 보기도 한다. 나 역시 나름의 기준이 있다. 매입하고 나서 보유한 부동산을 비교해보면 비슷한 점이 많은데 나만의 투자 기준이 고스란히 아파트에 반영되었기 때문이다.

다음은 투자하기 전에 당신의 명확한 투자 기준 마련을 위해 내가 준비한 검토 사항과 투자 기준이다. 참고해서 자기만의 투자 기준으로 만들어보기 바란다. 처음은 누구나 어렵고 힘들다. 명확한 투자 기준도 없고 책 보고 강의 듣고 흉내 내는 수준에 불과할지 모른다. 그러나 당장 성과가 없고 지루하더라도 반복하고 개선해 투자 기준으로 완성해간다면 언젠가 가속도가 붙으면서 명확한 기준이 서는 날이 올 것이다.

투자 또는 내 집 마련 전에 해야 할 일

1. 마이너스통장 만들기

집을 쉽게 사지 못하게 하는 가장 빠른 방법은 대출 규제다. 정부의 지속적인 규제 대책 중 항상 대출 축소가 빠지지 않았다. 앞으로도 대출을 규제할 가능성이 크다. 현재 기준 투기과열지역 대출이 최대 40%까지 가능하지만, 더 줄어들지 모른다.

투자를 시작할 때 맨 먼저 내가 보유한 현금과 대출 한도액을 고려해야 한다. 여기서 직장인이 흔히 받아볼 수 있는 대출에는 크게 주택담보대출, 신용대출, 마이너스통장, 교직원대출 등이 있다.

【표3-5】는 대출 가능한 은행 분류다. 투자하기 전에 반드시 알아둬야 하며 이번 기회에 제1금융권과 제2금융권의 차이도

[표3-5] 제1금융권과 제2금융권 비교

구분	제1금융권	제2금융권
분류	• 일반 은행(국민·신한·우리 등)	• 은행을 뺀 보험회사, 증권회사, 자산 운용회사 등의 금융기관
장점	• 접근이 수월하다(지점 수 많다) • 다양한 금융 상품을 취급 • 비교적 낮은 금리 대출 가능	• 빠르고 손쉽게 대출을 받을 수 있다 • 예금 금리가 제1금융권에 비해 높은 편이다
단점	• 예금 금리가 낮은 편이다 • 대출 받는 조건이 까다롭다	• 제1금융권에 비해 금리가 높다 • 안정성이 낮다

자료: IBK기업은행 블로그

제대로 기억해두자. 이번에는 대표적인 대출 3가지를 간략히 알아보자.

(1) 신용대출은 당신의 신용으로 돈을 빌리는 것을 말한다. 신용등급이 높고 연봉이 높을수록 이자가 저렴하고 대출 가능액은 비교적 많다. 신용대출은 기간을 정해서 한 번에 빌리므로 마이너스통장에 비해 기동성은 떨어지는 반면 필요한 만큼만 빌릴 수 있어 통제가 가능하다.

(2) 마이너스통장은 각자의 대출 한도액만큼 돈을 사용할 수 있는 통장이다. 한도가 1억 원일 때 1억 원을 마이너스통장에서 인출하면 통장에 -1억 원이 찍힌다. 이 통장은 언제든 넣고 빼서 쓸 수 있다. 경험이 풍부한 투자자들은 주로 이 통장을 자유자재로 활용한다.

나 역시 마이너스통장을 적극 활용하고 있다. 이 통장이 현금 흐름을 통제하지 못하는 사람 손에 들어가면 큰 낭패를 볼 수 있다. 돈에 대한 개념이 확실하고 사용 목적이 명확하지 않으면 차라리 만들지 않는 편이 낫다.

(3) 주택담보대출은 집을 살 때 집을 담보로 이용하는 대출이다. 주택을 담보로 하는 대출 비율은 나라에서 정한다. 주택담보대출을 받을 때는 반드시 거치 기간과 상환 기간을 최장으로 설정해야 한다.

정상적인 인플레이션이 작동하는 국가라면 돈의 가치는 미래로 갈수록 떨어질 것이 뻔하다. 거치와 상환 기간을 최대한으로 늘림으로써 미래에 당신이 빌린 돈의 가치를 다운시키는 효과를 얻을 수 있다.

나는 투자나 내 집 마련을 할 생각이 있는 사람들에게 맨 먼저 마이너스통장 개설을 추천한다. 이 통장은 당장 사용하기 위한 목적이 아니라 원활한 현금 흐름과 만약을 대비한 보험용이라고 볼 수 있다. 부동산 투자는 단 한 번의 실수로 치명적인 손해를 볼 수 있으므로 마이너스통장 개설을 통해 향후 발생할 리스크에 항상 대비해야 한다.

마이너스통장 개설 방법

① 소득금액증명원(원천징수영수증 등), 재직증명서, 신분증 준비

② 제1금융권 또는 제2금융권을 방문해 마이너스통장 개설

2. 투자 대상 지역 선정해보기

어느 지역을 선정해 투자해야 할까? 평생 고민해야 하는 부분이다. 누가 찍어주면 좋겠지만 막상 찍어줘도 사지 못하는 사람들이 대부분이다. 알지 못해서 그렇다. 그래서 스스로 공부해야 한다.

처음 부동산을 공부할 때는 지역을 선별하는 작업을 하고 그다음에 해당 구나 동을 파악해야 한다. 지역도 모른 채 구나 동부터 판다면 마치 바닥을 다지지 않고 성을 쌓는 행위와 다름없다.

⑴ 지역을 선정할 때는 그 지역의 인구수부터 봐야 한다. 당장 인구가 적더라도 앞으로 상승 여력이 충분한 지역이라면 가치가 있다. 반면 인구수는 많지만, 전망이 좋지 않거나 그 지역을 대표하는 산업군의 미래가 어둡다면 투자처로 적당하지 않을 수 있다.

⑵ 공급을 봐야 한다. 아파트 공급을 말하는 것이다. 조금 특이한 점은 공급이 적정 수요 대비 많더라도 아파트 가격, 특히 전세가는 지속해서 보합 이상을 유지하기도 한다. 외부 수요로 커버되어서 발생하는 현상이다.

실거주자 비율이 높은 지역에서도 이런 일은 발생한다. 거주자 비율이 높다는 의미는 하방경직성이 강하다는 의미다. 이런 지역은 하락기에도 버틸 체력이 있는 곳이다. 장기 투자를 하고

자 한다면 외부 수요보다 내부 실거주자 비율과 수요가 높은 지역에 투자하는 방법도 유효하다.

나는 아파트를 하나 찍으면 그 아파트의 매매, 전세비율을 모두 계산해본다. 약 20년 치 데이터를 KB부동산 시세를 통해 추출하고 전세가 거래된 비율을 계산해보기도 한다. 때로는 관리사무소나 중개소에 연락해 물어보기도 한다.

앞으로 전·월세 신고제가 본격적으로 시행된다면 아주 정확한 전세비율을 파악할 수 있게 된다. 전세비율이 확인되면 그 아파트의 투자자 비율을 가늠할 수 있는 유용한 자료가 될 것이다. 정부 정책을 비판하기보다 때로는 이를 긍정적으로 활용할 줄 아는 자세도 필요하다고 본다.

(3) 입지다. 그 지역의 입지를 말한다. 충청북도의 중심은 청주, 충청남도의 중심은 천안이다. 앞으로도 이 흐름은 변함없이 유지될 것이다. 내가 충청도에 투자한다면 가급적 이 2개 도시 위주로 볼 것이다.

각 지역을 대표하는 지역은 하루아침에 생기지 않았다. 수십 년간 바닥을 다지면서 성장했고 사람들이 살기 좋다고 인정하는 지역이다. 각 지역을 대표하는 곳은 끝까지 살아남을 가능성이 매우 크기 때문이다.

반드시 언급한 3가지(인구수·공급·입지)는 모두 고려해 지역을 선정하고 투자해야 함을 잊지 말자.

3. 투자 기준 수립해보기

투자하기 전에 기준을 수립하는 것은 중요하다. 투자 기준이 없다는 것은 달리는 기차에서 안전장치 없이 뛰어내리는 것과 다름없다. 매우 위험한 행위다. 투자 기준이 있더라도 상황에 따라 가변 요소는 항상 존재한다는 사실을 기억하기 바란다.

【표3-6】에서 버스정류장에서 3분 이내 간격으로 1~2대씩 버스가 지나가고 있다면 A와 B 중 어느 것을 선택할 것인가.

남자들은 800미터쯤이야라고 생각할 수 있지만, 아이들에게 500미터가 넘으면 가까운 거리가 아니다. 그래서 B아파트를 선택하는 것도 나쁘지 않다. 실제로 A아파트에서 걸어가는 것보다 B아파트에서 버스를 타고 전철역까지 가면 더 빨리 도착한다.

이처럼 투자를 하고자 한다면 반드시 자기만의 기준은 있어야 하지만 그 투자 기준에 대한 지나친 믿음으로 그 기준에서 조금 어긋난다고 큰 기회를 놓치는 우를 범하지 않았으면 좋겠다. 때로는 유연하게 생각해야 한다는 얘기다. 그렇다고 고무줄처럼 쭉쭉 늘어나야 한다는 말이 아니다. 좋은 타이밍에 부족한 부분이 하나가 있더라도 어느 수준에서 단점을 커버할 단서

【표3-6】 투자 기준 예시

A아파트	전철역에서 800미터 떨어져 있다	단지 앞에 버스정류장이 없다
B아파트	전철역에서 1,000미터 떨어져 있다	단지 앞에 버스정류장이 있다

【그림3-10】 투자 기준 수립 시 고려 사항

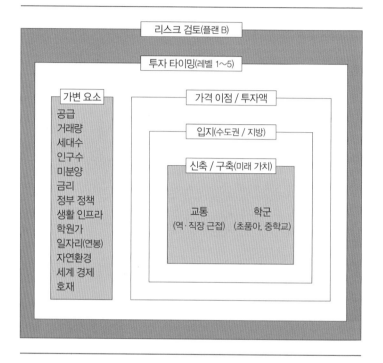

들이 있다면 때로는 과감하게 진입해야 한다.

【그림3-10】은 내가 투자 시 고려하는 요소들이다. 투자 메커니즘을 이해하고 이것을 완성한 후 적용하기까지 2년이라는 시간이 걸렸다. 실제로 대부분 부동산을 이 그림 하나로 적용이 가능하도록 구성했다. 종잣돈이 투입되는 만큼 어느 하나 중요하지 않은 요소가 없을 정도로 모든 요소를 고려한 후 투자를 고려해야 한다.

최악의 상황을 고려한 '플랜 B'를 항시 준비하는 것이 핵심이다. 열 번을 잘해도 한 번 잘못하면 그 한 번의 실수로 공들여 올린 탑이 무너질 수 있기 때문이다.

당신이 돈이 많다면 굳이 진상 임차인, 역전세, 가격 하락 리스트를 안고 무리하게 투자할 필요는 없다. 안전한 채권 등에 투자해도 된다. 우리가 투자하는 이유는 돈이 없어서 자산을 지키는 동시에 돈을 벌기 위해서다.

투자는 생존 게임이다. 생존 게임에서 목숨을 유지하는 것이 가장 중요하다. 끝까지 살아남는 자가 경기에서 이기게 되어 있으므로 모든 조건을 만족하더라도 마지막 리스크 검토 단계에서 적합하지 않다면 그 투자를 즉시 중단해야 한다.

다음 이야기는 실제로 내가 겪은 전세보증금 반환 청구 소송 사건으로, 플랜 B의 중요성을 일깨워주는 사례다.

전세보증금 전액을 강탈당하다

직장에서 매달 받는 고정소득은 한계소득이다. 소득의 한계선이 존재한다는 의미다. 1월에 300만 원을 받는다면 2월에도 300만 원을 받는다. 이는 장점이자 단점이다. 나는 이런 한계소득을 극복하고자 투자를 결심했고 결혼과 동시에 내가 깔고 앉아 있는 엉덩이 자본을 최소화하기로 방향을 정했다. 최소한의 자기 자본으로 전세살이를 시작하고 모아놓은 종잣돈과 매달 저축하는 돈으로 투자하기로 마음먹은 것이다.

그래서 경기도 군포시에 위치한 18평 아파트에서 전세로 신혼을 시작했다. 이 신혼집은 30년 된 구축 아파트지만 산본역 앞에 있어 수요가 풍부했다. 집은 매우 작았고 수리가 되지 않아 허름한 편이었다. 나무 섀시는 겨우내 우리를 힘들게 했다.

신혼집은 나에게 주거 그 이상 이하의 의미도 아니어서 이러한 결정들이 가능했다. 물론 어렵게 아내의 허락을 받아야 했다. 아내 직장과 가까운 곳에 집을 얻어 서로가 원하는 것을 얻은 것이다. 얻는 것이 있다면 잃는 것도 있다. 덕분에 나의 출퇴근 시간이 늘어났다. 희생은 불가피했지만 어쩔 수 없는 선택이었다. 그만큼 나는 간절했다.

1. 사건의 발단

2020년 4월은 전세보증금을 돌려받고 월셋집으로 이사 가는 날이었다. 오전 11시경 이사업체와 함께 이삿짐 정리를 마치고 잔금을 받으러 부동산에 들렀다.

마지막으로 잔금 지급 전 부동산중개소 소장, 집주인과 함께 집 상태를 점검하러 다시 방문했다. 집주인은 두 달 전 이 집을 매수한 새로운 임대인이다.

(부동산중개소 소장은 집 상태를 보고 깨끗하다며 먼저 중개소로 돌아갔다.)

나: 더 볼 부분이 있나요? 이제 부동산중개소로 돌아가시죠.

집주인: 집이 난리도 아니네요.

나: 예?

집주인: 집이 엉망이라고요. 이전 집주인에게 받은 사진들이 있습니다. 내부 사진을 찍고 비교해본 다음 말씀드릴게요.

나: 이 집은 30년 된 아파트로 새로 수리한 집도 아니었고 입주 전부터 인테리어 컨디션이 그리 좋지 않았습니다. 고장 난 가구나 험하게 사용한 흔적은 전혀 없고 벽에 못질조차 하지 않았습니다.

집주인: 비교 사진을 자세히 찍어야 하니 30분에서 1시간 정도 기다려주세요.

30분쯤 후 집주인은 나에게 수리비 청구를 위해 견적을 받아야 한다고 했다.

집주인: 이제 수리 견적을 받아야 합니다.

나: 지금이요?

집주인: 지금 여기서 수리비를 청구하지 않으면 전세 잔금 반환은 못해드립니다.

나: 누가 봐도 이 집은 수리할 곳이 없습니다.

집주인: 지금 여기서 수리비를 잔금에서 제외하지 않으면 전세 잔금 반환은 못해드립니다.

나: 그러면 견적 받아보세요. 얼마나 나오는지 보겠습니다.

말이 통하지 않았다. 찻잔 속 태풍이라고 들어보았는가. 내 마음속 태풍이 찻잔 밖으로 나오기 일보 직전이었다. 집주인이 전화한 지 5분쯤 후 마치 사전에 이야기가 된 것처럼 견적업체가 3분도 채 되지 않아 아파트에 도착했다. 오자마자 인테리어 상태를 확인한 후 내게 수기 견적서를 보여주었다.

총수리비용: 325만 원

항목: 싱크대, 타일, 도배, 마루, 페인트 등 전면 교체·수리

순간 눈앞에 별이 지나갔다. 이런 상황을 두고 '꼭지가 돌아간다'라고 할까? 정신을 붙잡기 위해 노력했지만, 시간이 흐를수록 초조해졌다. 집주인은 집 안에 머물며 보증금을 빌미로 수리비 지급을 강요했고 나갈 생각을 하지 않았기 때문이다.

이대로 시간은 흘러도 도무지 이 문제가 해결되지 않을 것 같았다. 그 순간 문득 전세금을 돌려받지 않았으니 임차인의 권리가 존재한다는 데 생각이 미쳐 집주인을 집 밖으로 내보냈다.

집주인은 내가 이사 가려면 잔금이 필요하다는 것을 알았다. 이를 약점 잡아 상식 이상의 수리비를 청구했다.

나는 그를 집 밖으로 내보내는 것까지는 성공했으나 수리비 청구는 말이 통하지 않았다. 집주인에게 일단 부동산중개소로 돌아가 중개인과 자세히 이야기해보자고 제안했지만, 그는 이를 거부하고 집으로 돌아갔다.

"오늘 중으로 결정해 연락 주세요. 저는 집으로 돌아가겠습니다."

2. 플랜 B로 리스크를 관리하다

나는 이사 갈 집의 잔금을 치러야 했고 이삿짐도 풀어야 했다. 이사업체는 내 짐을 싣고 오전에 집을 떠나 짐을 풀고 있었다. 그때 이사업체와 부동산중개소로부터 동시에 전화가 왔다.

부동산중개소: 짐 풀기 전에 잔금 주셔야 합니다.
이사업체: 지금 1층 앞입니다. 이 짐들을 어디에 놓을까요?
나: 다시 바로 연락드리겠습니다.

어떤 식으로든 처리해야 했다. 잔금을 지급하지 않으면 이사를 할 수 없으니 잔금 처리가 먼저이고, 이삿짐이 후순위였다. 마침 마이너스통장에 여유가 있어 그 자리에서 즉시 입금을 진행했다. 이사 가는 곳의 집주인은 당연히 보지도 못했다. 영수증 또한 받지 못했다. 일단 종이 1장을 꺼내서 그 위에 이사 가는 집 안 구조를 그리고 가구 배치를 정해서 이사업체 측에 문자를 넣었다. 이렇게 전세금 반환을 받지 못한 상태에서 입주잔금과 이사가 마무리되고 있었다.

이 사건은 소송 직전까지 간 상황에서 집주인이 전세금을 돌려줘 마무리되었다. 【그림3-11】은 실제로 내가 집주인에게 조치했던 대응들이다.

나는 당시 임차권 설정은 물론 내용증명까지 준비했다. 투자하고 있던 시기여서 이런 준비 과정은 그리 어렵지 않았다. 【그림3-11】을 보면 상황이 생각보다 심각했음을 알 수 있다.

잔금 여유가 충분하지 않았다면 어떻게 되었을까? 당시 대부분 종잣돈과 대출을 활용해 투자를 일부 진행한 상태여서 여유 자금이 매우 부족했다. 그러나 전세금을 돌려받지 못할 최악의 상황까지 고려해 예비 자금을 별도로 준비해놓아 말도 안 되는 상황을 극복할 수 있었다.

이 집주인이 집을 매수할 때부터 이상한 점이 있었다. 그래서 불안한 마음에 따로 준비해둔 것이 집주인과의 전세보증금 청구 소송에서 심리적으로 우위를 점할 수 있게 된 것이다.

소송 직전까지 갔던 이 문제를 사전에 준비하고 대비함으로써 역으로 집주인으로부터 전세보증금 미청구에 따른 보상으

【그림3-11】 집주인에게 조치했던 대응들

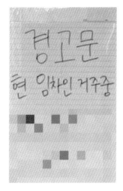

로 500만 원까지 지급받았다. 325만 원의 수리비가 화살이 되어서 500만 원의 보상금으로 바뀐 것이다. 이는 사전에 최악의 상황을 고려한 플랜 B를 준비했고 부동산을 계속 공부하고 있어 가능했던 일이다.

약은 쓸수록 몸에 좋다고 한다. 투자를 시작하면 언젠가 한 번쯤 이것보다 더 심한 상황에 닥칠 수 있다. 우울한 이야기지만 이런 억울한 경험은 피가 되고 살이 되어 소중한 경험을 선사하기도 한다.

투자에서 리스크 관리는 매우 중요하다. 말도 안 되는 상황이 펼쳐질 수 있는 것이 부동산 세계다. 단 한 번의 리스크 관리 실패로 모든 것이 무너질 수 있다. 본격적인 투자자의 길을 걸어갈 생각이 있다면 플랜 B에 이어서 플랜 C까지 준비하는 치밀함을 보여줘야 한다.

나는 투자를 하면서 '설마 이런 상황까지 펼쳐질까' 싶을 때 영화처럼 그 상황이 벌어지는 것을 몇 번 경험하고 난 후 더욱 리스크 관리에 힘쓰고 있다. 99가지 투자 기준을 만족하더라도 마지막 1가지 리스크 관리를 하지 못한다면 99가지 투자 기준이 무용지물이 되는 순간이 찾아올 것이다. 리스크 관리는 아무리 강조해도 부족함이 없다.

나는 오늘도 부동산에서 자유를 산다

너우리의 투자일기

전세금을 돌려받지 못했던 첫날, 아내가 눈물을 보였다. 이 일이 내 잘못은 아니지만 돌려받지 못한 전세금으로 나의 투자 리스크도 더욱 커지면서 걱정이 되었다고 했다. 이렇게 엎친 데 덮친 격인 상황이 되어버렸다. 설마 했던 상황이 현실로 다가오니 아내에게 부담이 된 것이 분명했다. 그날 저녁 창밖을 보며 나는 다시 한번 다짐한다. 반드시 이 상황을 원상복구해놓으리라!

평생 투자 시스템이란

●
○
○
○

나는 1년이라는 시간 동안 독서를 통해 자신감을 키우고, 바닥부터 투자의 기본을 다졌으며, 꾸준한 임장을 통해 물건을 보는 안목과 실력을 키웠다. 어느 순간 '지금이 기회'라는 확신이 들면서 과감하게 매수를 결정할 수 있었다.

지금 와서는 사람들이 '운이 좋았다'라고 이야기할지 모르겠지만 당시 분위기는 그렇지 않았다. 상승장 후반이라며 기다리라는 사람들이 더 많았다. 그러나 확신이 있었다. 내가 하려던 투자에 대한 기준이 있었고 가격이 저렴하다는 확신이 있었다. 잃지 않을 것이라는 확신 말이다.

옵션 ① 똑똑한 1채로 갈 것인가

옵션 ② 투자 경험을 늘릴 것인가

당시 나는 크게 2개의 갈림길 앞에 서 있었지만 선택한 옵션은 ②였다. 부동산 투자를 하는 데 규모의 경제를 이루는 것은 중요하다. 그래서 이 부분에 대해 크게 고민하지 않았고 앞으로도 계속 옵션 ②를 지향할 것이다.

옵션 ①의 치명적인 단점은 엉덩이로 자기 자본을 깔고 간다는 점이다. 돈이 동맥경화가 됨으로써 흐르지 않으니 이 투자 옵션은 인플레이션을 헷지하기 위한 방법으로 이해했다. 언론에서나 주변에서 언급하는 똑똑한 1채는 강남 같은 입지를 말하는 것이며 평범한 직장인은 해당 사항이 없다는 점을 기억해 주기 바란다.

당신이 앞으로 가야 할 길이 주변과 대중의 요구와 반대에 가깝다면 당신은 아주 잘하고 있는 것이다. 남들이 투자하지 말라고 할 때 투자해야 하고, 남들이 투자하라고 부추길 때 오히려 한 템포 쉬어가야 한다.

지금도 여전히 시장은 뜨겁고 투자를 통해서 얻을 기회가 전국에 널려 있다. 지금은 이 말을 이해하기 어렵겠지만 투자를 이어가다 보면 이 말뜻을 이해할 날이 반드시 올 것이다.

평생 투자 시스템을 설명하기 전에 전세 레버리지 투자와 갭

【표3-7】전세 레버리지 투자 vs 갭 투자

구분	전세 레버리지 투자법	갭 투자법
공통점	• 전세가와 매매가 차이를 이용해서 집을 매수하는 투자법	• 전세 레버리지 투자와 동일
차이점	• 시세차익(매매가)이 목적 • 가격이 오르면 매도해 차익 실현	• 현금 흐름(전세가)이 목적 • 가격이 올라도 꾸준히 보유

투자의 공통점과 차이점을 간략히 설명하고자 한다.

먼저 【표3-7】에 대해 부가 설명을 간략히 해보겠다. 전세 레버리지 투자는 팔지 않을 자산을 쌓아가면서 전세가를 통해 현금 흐름을 확보하는 투자법이고, 갭 투자는 단기 시세차익을 노리는 방법이다. 최초 전세가와 매매가 차이를 이용해서 집을 매수하는 방식까지는 동일할지 몰라도 이 2가지 방법은 서로 다른 투자 방식이라고 볼 수 있다.

어떤 방식이 더 좋다는 건 없다. 단, 규모의 경제를 이루고 자산을 빠르게 축적하기를 원한다면 당신에게 전세 레버리지 투자법을 추천한다.

【그림3-12】는 실제로 전세 레버리지 투자법을 적용하며 시스템을 만들었던 사례다. 각자가 처한 상황과 자본에 따라서 다르게 적용할 수 있다. 따라서 이를 무조건 맹신하지 말고 벤치마킹함으로써 앞으로 나아가야 하는 당신만의 방법을 만들고 실행에 옮기면 된다.

【그림3-12】에서 설명한 평생 투자 시스템 사례에 대해 '지금

[그림3-12] 평생 투자 시스템 사례

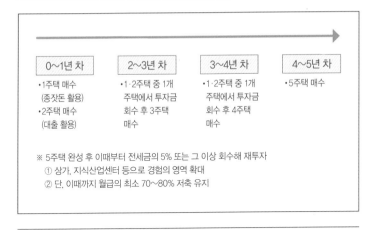

도 이런 투자가 가능할까' 싶지만, 방법은 있다. 이번에는 비교적 쉽게 규모의 경제를 이루고 가장 적은 투자금으로 시세차익까지 노려볼 방법을 간략히 설명해보겠다.

취득세와 양도세가 중과 배제되는 아파트에 주목하라

강력한 규제 대책 후 취득세·양도소득세·보유세 중과로 주택 수를 늘리는 부분에서 한계가 존재하는 시장임이 분명하다. 수도권 지역은 규제의 강도가 높아 규모의 경제를 이루기에는 한계가 존재한다.

【표3-8】 취득세·양도소득세 세율 인상

취득세

현재			개정		
개인	1주택	주택 가액에 따라 1~3%	개인	1주택	주택 가액에 따라 1~3%
	2주택			2주택	8%
	3주택			3주택	12%
	4주택 이상	4%		4주택 이상	
법인		주택 가액에 따라 1~3%	법인		

양도소득세

구분		현재			12·16 대책	개정	
		주택 외 부동산	주택·입주권	분양권	주택·입주권	주택·입주권	분양권
보유 기간	1년 미만	50%	40%	(조정대상지역) 50% (기타지역)	50	70%	70%
	2년 미만	40%	기본세율		40	60%	60%
	2년 이상	기본세율		기본세율	기본세율	기본세율	

자료: 국토교통부, 기획재정부

그러나 비규제 지역은 여전히 기회가 존재한다. 투자 방법을 간략히 설명하면 공시지가 1억 원 이하의 아파트를 취득세 1.1%를 지불한 후 매수하고, 양도소득세 중과 배제가 적용되는 공시지가 3억 원이 되기 전에 매도하는 방법이다.

다음에 설명한 일부 지역들은 취득세와 양도소득세 중과 배제가 가능하므로 괜찮은 물건을 볼 줄 아는 인사이트만 있다면 충분히 승산이 있다. 규제 정책에 맞서기보다 오히려 규제 정책을 활용하면서 유연하게 투자한다면 좋은 결과를 얻을 것이다.

[소득세법 시행령 167조의3 ① 1호]

1. 취득세 중과 배제 대상 : 공시지가 1억 이하 아파트(단, 재개발 구역 등 제외)

2. 양도세 중과 배제 대상 : **① 지역기준, 가액기준 충족 주택**(광역시 군지역, 경기도 읍·면 지역, 기타 도 지역 등 기준 충족하는 지역 소재 양도당시 기준시가 3억 이하 주택)

① 「수도권정비계획법」 제2조 제1호에 따른 수도권(이하 이 조에서 '수도권'이라 한다) **및 광역시·특별자치시**(광역시에 소속된 군, 「지방자치법」 제3조 제3항·제4항에 따른 읍·면 및 「세종특별자치시 설치 등에 관한 특별법」 제6조 제3항에 따른 읍·면에 해당하는 지역을 제외한다) **외의 지역에 소재하는 주택으로서 해당 주택과 이에 부수되는 토지의 기준시가의 합계액이 해당 주택 또는 그 밖의 주택 양도 당시 3억 원을 초과하지 아니하는 주택**

Chapter 2

부동산 투자
Step 2

탁월한 임장 기술
3가지

1. 직접 발로 밟고 눈에 담은 것만 기억에 남는다

부동산은 눈에 보이는 실체다. 주식이나 펀드처럼 증서나 전자문서가 아니다. 이를 달리 해석하면 잡을 수 있고 만질 수 있어서 거짓이 없다. 따라서 잠깐 거품은 있을 수 있으나 사람들이 살기 좋아하는 곳에 수요가 몰린다.

극히 일부를 제외하고 대부분이 좋아하는 부동산이 있을까? 정답은 '있다'다. 단, 시대적 흐름과 발전에 따라 핵심 입지는 조금씩 변하기도 한다. 계획에 의해 변하기도 하고 자연스레 중심지가 이동하기도 한다.

처음 임장을 시작했을 때 이런 걸 해야 하나 싶었다. 한 번 마음을 먹고 주변 단지를 이동하면 최소 2~3시간이 걸렸으니 지칠 만도 했다.

막상 임장을 하고 녹초가 되어서 집에 왔는데 시간만 소비한 듯한 느낌이 들었다. 시급으로 계산해도 1시간에 1만 원이라면 3시간 임장을 하면 3만 원을 잃는 것이다. 그래도 성공한 투자자들이 계속 임장을 강조하니 강제로 피곤한 몸을 이끌고 임장을 해보기로 했다.

힘들고 괴로웠지만 일단 해보자는 생각에 초반에는 거의 매일 현장에 다녀왔다. 그렇게 두 달 정도 시간이 흐른 후 마침내 한 지역 모든 아파트 매물과 단지를 다 보게 된다.

어느 순간부터 단지를 돌며 이전 단지와 비교하게 되는 나의 모습을 발견하게 된다. 처음에는 이걸 왜 하지 싶었는데 모든 단지를 돌고 나니 수십 개 단지 중에서 1등, 2등, 3등 단지가 눈에 들어오기 시작한 것이다.

한 번은 아주 힘들어서 차를 몰고 단지를 돌아본 적도 있다. 직접 발로 밟는 것보다 시간이 적게 걸리고 효율적이라는 생각이 들어서 시도해보았다.

그런데 막상 집에 도착하고 2~3일 후에는 임장했던 곳이 기억이 나지 않았다. 발로 밟은 것은 비교적 선명하게 기억했지만,

차를 타고 이동했던 곳은 기억하지 못한 것이다. 그냥 스쳐 지나가는 수준에 불과했다. '진짜 임장이 이런 것이구나'를 깨닫는 순간이었다.

백번 손품 팔아도 한 번 직접 보는 것과 다르다. '이 단지는 이럴 거야' 싶었으나 막상 가보면 편견이 깨지는 단지들도 많았다. 반면 '여기는 괜찮은데' 싶었는데 가보면 손품과 다르게 별로였던 단지들도 있었다.

역세권이라고 했는데 길이 불편한 위치의 단지도 있었고 근처에 유흥가가 있다고 해서 기대하지 않았는데 의외로 유흥가와 단지 사이에 어느 정도 경계가 존재하는 곳도 있었다.

임장하면서 많은 편견과 오해가 깨지고 또 깨졌다. 기대하지 않았는데 의외로 괜찮고 당장이라도 투자하고 싶었던 곳도 상당히 있었다.

이런 곳을 나는 '숨은 보석' 같은 아파트라고 생각했다. 남이 관심 있는 곳보다 비교적 남의 눈에 띄지는 않으면서 1~2등 아파트 못지않은 저력이 존재하는 부동산을 좋아한다. 임장하다 보면 드물게 그런 단지들을 만나기도 한다.

지금도 나는 임장을 한다. 꼭 내 발로 직접 주변을 걷는다. 그래야만 기억에 오래도록 남기 때문이다.

임장할 때는 꼭 직접 발로 밟아서 눈에 담아야 한다. 이것이 탁월한 임장의 기본이다.

아침 일찍 전철을 타고 두정역에 내려 터미널, 천안역, 쌍용역(나사렛대역), 불당동을 거쳐 천안아산역까지 걸었다. 점심과 저녁은 가볍게 김밥, 샌드위치, 커피로 때웠다. 고작 하루 걸었음에도 중간에 갑자기 왈칵 눈물이 났다.

'내가 지금 여기서 뭘 하는 거지?'

오늘 내가 걸었던 거리는 약 21킬로미터. 이것으로 천안의 주요 입지를 내 눈에 담는 데 성공했다. 언젠가 이곳에도 반드시 나의 깃발을 하나쯤은 심어놓으리라.

2. 부동산중개소 방문의 기술

나는 남에게 부탁하는 것보다 스스로 처리하는 게 마음이 편하다. 걸음걸이도 느리고 말투도 느릿느릿한 편이다. 이런 성격은 운전할 때 티가 난다. 운전대를 처음 잡은 이후로 지금껏 무사고였던 이유이기도 하다. 애초에 위험한 상황을 만들지 않으려고 최대한 보수적으로 운전을 한다. 이런 성격은 부동산 투자에도 적용된다.

부동산중개소는 집을 사거나 파는 사람들이 방문하는 곳이다. 그래서 초보자라면 부동산중개소 방문 시 꼭 집을 사야 할 것 같은 생각을 할 수 있을 것이다. 이는 곧 부담으로 다가오기도 한다. 나도 처음에는 그랬다. 문 앞을 서성거리고 들어갈까 말까를 여러 차례 고민하기도 했다.

가장 큰 두려움은 경험하지 않은 것에 대한 스스로의 무지함이었다. 혹시라도 이상한 질문을 하지 않을까 문전박대를 당하지 않을까 걱정했다. 그래서 처음부터 제대로 준비해 방문하기로 마음먹었다. 어떤 질문과 이야기를 할지 미리 고민하고 부동산중개소를 방문했다.

【표3-9】는 실제로 현장에서 내가 자주 하는 질문들이다. 이 정도만 준비하고 부동산중개소를 방문한다면 적어도 크게 당황할 일은 없을 것이다.

처음에는 질문을 잘하겠다는 생각에 부동산중개소 소장의 이야기를 잘 듣지 못할 수 있다. 괜찮다. 여러 번 경험하면 자연스레 극복할 수 있다. 경험이 쌓이면 어느새 그들이 푸근한 옆집 아줌마 아저씨 같음을 느낄 것이다.

누구에게나 처음은 어렵다. 하지만 미리 준비하면 된다. 초보 티가 나면 좀 어떤가. 초보라고 당당하게 이야기하자. 투자자라면 어떤가. 투자자라고 당당히 이야기하자. 돈이 좀 부족하면 어떤가. 보유 현금이 이 정도밖에 없다고 당당히 이야기하자. 단, 부족한 돈은 빌릴 수 있다고 해야 한다.

대화의 시작은 솔직함이다.

【표3-9】 부동산중개소 방문 시 주요 질문 리스트

구분	질문
시세	매매와 전세 시세가 어떻게 되나요?
	거래는 잘되나요? 거래량이 어떤가요?
	전세 매물은 얼마나 있나요?
	급매가 있을까요? 가격은 어떻게 되나요?
	투자자 비율이 높나요? 실거주자 비율이 높나요?
학군	단지 안에 유치원이 있나요?
	어느 중학교로 배정받나요? 100% 배정인가요?
	아이들 학원은 주로 어디로 보내나요?
일자리	아파트 주민들이 주로 어디로 출근하나요? 어떻게 출근하나요?
	어떤 사람들이 주로 거주하나요?
인프라	마트는 주로 어디를 이용하나요?
	여기서 가까운 제일 큰 마트가 어디인가요?
	병원까지 여기서 얼마나 걸리나요?
	대형 체육시설이 근처에 있나요?
	주변에 어떤 개발 계획들이 있을까요?(필요시 호재 브리핑 요청)
단지	주차는 양호한가요? 밤늦게 주차하기 힘들까요?
	층간 소음은요?
	여기 아파트 장점과 단점은요?
	소장님이 여기 산다면 몇 동에 사실 건가요? 로열동이 몇 동인가요?
	실례지만 소장님은 어디 사세요?
기타	여기 왜 이렇게 비싸요? 여기 왜 이렇게 저렴해요?(상황 봐가며 질문)
	전세가가 떨어진/오른 이유가 무엇인가요?
	매물이 많은/적은 이유는 무엇인가요?
	제가 매매하면 전세 한 달 안에 빼줄 수 있나요?
	여기는 앞에 유흥가가 있는데 괜찮아요?
	밤에 다니기 조금 위험해 보이는데 아이들이 다니기 어떤가요?

3. 투자 성과를 높이는 대화의 기술

인생의 8할은 협상이라는 이야기를 들어보았을 것이다. 평소 대화를 어려워하거나 말하는 것을 귀찮아하는 사람이라면 부동산 투자를 시작할 때 반드시 알아야 할 부분이 있다. 부동산도 8할이 협상 즉, 대화다.

부동산을 사든 팔든 항상 사람들과 대화해야 한다. 가격을 깎는 것도 올리는 것도 사람들과의 대화에서 시작한다. 아무리 소셜 네트워크 서비스가 발달했다지만 마지막은 서로 만나서 마무리를 짓는다. 그래서 말하고 듣는 것은 중요하다. 나는 평소 대화하는 부분에서 부족한 부분을 보완하고자 투자하기 전에 협상과 대화에 관한 책을 10권 이상 읽고 시작했다.

(1) 첫인상이 80% 먹고 들어간다

A: 안녕하세요? 집 보러 왔습니다. 매물 좀 있을까요?

B: 안녕하세요? ○○시에 사는 직장인 ○○○입니다. 결혼한 지 ○년 되었는데 여기가 ○○하기 괜찮아 보여서 실거주 겸 투자할 생각으로 알아보러 왔습니다. 매물 좀 있을까요?

당신이 부동산중개소 소장이라면 A와 B 중 어떤 사람에게 더 호감을 느끼는가. 당연히 B다. 물론 외적인 요소도 있겠지만 그 부분은 얼마든지 말 몇 마디로 극복할 수 있다고 본다. 첫 만남부터 나의 패를 상대방에게 보여주고 시작하는 것이다. 감추거나 숨길 이유가 없다. 하루에도 수십 번 낯선 사람들이 방문하는 마당에 다짜고짜 집 보러 왔다고 이야기하는 사람을 반길 리 없다.

기억하자. 좋은 대화는 상대방이 먼저 하기를 기다리기보다 내가 먼저 적극적으로 해야 하는 것부터 시작이다. 장기적인 관점에서 어떠한 방법을 쓰든 부동산중개소 소장들을 꼭 당신의 든든한 아군으로 만들자.

(2) 진정성과 솔직함을 보여주어라

나는 한때 진정성과 솔직함을 보여주고자 작은 종이에 경제적 상황과 직업을 적고 복사해서 부동산중개소 소장에게 나눠 주었다. 아버지뻘 되는 분들에게 열심히 사는 모습을 보여주고 이 아파트를 충분히 거래할 수 있는 자본이 있다는 것을 어필하기 위함이었다. 설령 나중에 그 부동산을 매입하지 않는 결정을 하더라도 말이다.

부동산은 네트워크로 연결되어 있어 한곳에서 진상을 부리면 다른 곳에도 소문나기 마련이니 조심할 필요가 있다. 물론 요즘은 그런 사람들이 거의 없다고 믿는다.

⑶ 마음을 열어라

이 세계는 부동산을 거래함과 동시에 사람을 상대하는 일이다. 투자 결정도 사람이 하고 실거주도 사람이 한다. 내가 임대를 주거나 거주하고자 할 때 주변에 좋은 사람들이 많을수록 성공할 확률이 높아진다.

매매나 전세를 줄 때 내 물건이 1순위가 되려면 물건도 좋아야 하지만 물건을 파는 사람을 내 편으로 만들고 내가 요청하는 것을 맨 먼저 처리해준다면 더할 나위 없을 것이다.

나: 소장님, 전세 만기 시에 인테리어를 다시 하고 싶은데 같은 평형에 인테리어 된 매물 사진들을 샘플로 좀 보내줄 수 있을까요?

소장님: 지금은 매물이 없어요. 나중에 보내줄게요.

나: 감사합니다.

[1주 뒤]

소장님: 인테리어 사진 보냈어요. 이제야 매물이 나와서 보내드려요.

나: 잊지 않고 보내주셔서 감사합니다.

이 부동산중개소 소장은 든든한 아군이다. 한 달에 1~2회카카오톡 안부 문자도 보내고 있다. 예전에 거래 시 수수료를 더 준다고 했지만 이를 마다했다. 요즘은 해당 지역 부동산 현황도 서슴없이 공유해주기도 한다.

상대방에게 마음을 여는 방법이란 나의 솔직한 감정선을 상대방에게 보여주는 것이라고 생각한다. 사람 냄새 나는 캐릭터가 되라는 의미다. 친구를 만나서 이야기하면 편하고 좋지 않은가. 가족과 대화할 때는 어떤가. 편하다.

이제 조금 느낌이 오지 않는가. 옆집 아줌마처럼 친구처럼 편하게 다가가야 한다. 단, 처음부터 과하면 역효과가 있으니 템포 조절은 필요하다.

⑷ 옥석은 가려라

집을 사는 사람도 나, 파는 사람도 나다. 부동산중개소는 원활한 중개를 통해 수익을 버는 사업이고 나는 부동산 임대 사업을 한다. 즉, 나도 사업자이고 부동산중개소 소장도 사업자이며 이 둘은 서로 상생 관계이고 동등한 입장이다. 집을 대신 팔아준다고 해서 굽힐 필요가 없다는 뜻이기도 하다.

간혹 부동산중개소에 전화하면 평범한 대화임에도 불구하고 퉁명스럽게 말하는 사람들이 있는데 과감하게 그 부동산은 리스트에서 제외하자. 왜일까? 그는 초보이거나 많이 지쳐 있을 확률이 높기 때문이다.

사업을 하는데 고객에게 퉁명스럽게 대하는 사람은 기본이 안 되어 있다고 생각한다. 옥석을 가리지 않는다면 시종일관 피곤한 거래를 할지 모른다. 내 돈 주고 집 사는데 연락도 잘되지 않고 끌려다니는 거래를 할 것인가 아니면 당신이 만든 판 위에서 함께 어울리도록 할 것인가.

당신이 선택할 수 있는 부동산은 많다. 굳이 정에 끌려서 또는 처음 소개받은 곳이라서 한곳에서만 거래하는 우를 범하지 않았으면 좋겠다. 당신과 뜻이 맞는 사람을 찾고 그 사람과 거래해야 결과도 더 좋아진다.

임장도 역시 꾸준함이 핵심이다

부동산 투자는 임장 후 결정된다. 그만큼 임장은 중요하다. 데이터 정리와 사전 조사가 끝난 후 임장을 하기도 하지만 그전에 임장을 하기도 한다.

손품을 먼저 임장을 나중에 아니면 임장을 먼저 손품을 나중에? 순서는 중요하지 않지만 가급적 사전 검색과 리스트를 정리한 후 마음속으로 1~3등 단지를 고른 후 임장을 가보는 것이 좋다. 생각했던 것과 현장이 어떤 차이가 있는지 다시 한번 비교해볼 수 있기 때문이다.

나는 얼마 전에도 임장한 후 임장 전과 생각이 바뀐 단지가 있었다. 지도상으로 봤을 때 설마 여기가 했던 단지임에도 의외로 매력적인 모습을 발견하게 된 것이다.

초품아가 좋은가. 역세권 아니면 숲세권? 몇몇 요소만 고려해서 결정하기에는 부동산의 가치가 대단히 크다. 누군가는 10년 아니 20년간 저축해서 모은 돈으로 사야 할지 모른다. 그래서 두렵다.

열심히 몇 년간 모아서 막상 투자나 실거주를 하려고 하니 부동산이 널려 있다. 살 곳은 많고 돈만 있으면 남들이 추천하는 비싼 물건을 매입하고 싶다. 요즘 같은 상승장에는 내가 매입하는 아파트는 다 오를 것 같다. 서둘러서 한 건이라도 더 해야 할 것 같다.

그렇지 않은가. 이것도 좋아 보이고 저것도 좋아 보인다. 나도 예전에는 그랬다.

나: 소장님, 안녕하세요? 분양권 보러 왔어요.

소장님: 네, 어디 보시나요?

나: ○○이랑 ○○○요.

소장님: 요즘 매물이 없어요. 집주인들이 더 오를까 봐 계속 매물을 거두네요.

나: 그렇군요. 소장님이 볼 때 어디가 좋아 보이세요?

소장님: ○○○이요. 비싸고 세대수도 많아요.

나: 네. 의견 감사합니다.

부동산중개소 소장의 생각과 내 생각이 일치하는 부분도 있었지만 다른 부분도 있었다. 그럼에도 경험이 풍부한 사람이 강조하니 솔깃했다. 초보는 더 흔들릴지 모른다.

이때 우리는 그의 이야기를 참고는 하되 흔들리면 안 된다. 흔들리지 않으려면 자기만의 투자 기준이 있어야 한다. 그 확실한 투자 근거는 현장에 있다.

한 번은 인구 50만 이상 도시 역세권 근처를 지나가고 있었다. 그때 시간이 6~7시가 되었고 해가 지려는 시점이었다. 혼자 주변을 살펴보며 길을 걸어가는데 순간 등골이 오싹하고 빨리 그 자리를 피하고 싶은 느낌을 받았다. 남자인 내가 이 정도인데 여자라면? 그 후로 그 지역은 매입하지 않기로 마음먹었다. 지도만 볼 때는 이런 느낌을 경험하지 못한다.

부동산중개소에 가면 역세권이고 신축이니 전망이 좋다고만 할 것이다. 그래서 반드시 현장에 가야 한다. 반복적으로 꾸준히 여러 번 가야 한다. 선택할 모수가 많을수록 선택한 부동산이 실패할 확률은 줄어든다. 이것이 우리가 꾸준히 임장하는 진짜 이유이기도 하다.

수많은 모수 중에서 가장 합리적인 가격에 효율이 좋은 부

【표3-10】 단지별 체크 리스트

항목	최고점	최저점	평가 기준
주차 대수	10	3	10점(1대 이상), 7점(0.7대 이상), 5점(0.5대 이상), 3점(0.5대 이하)
중학교	10	3	10점(90점 이상), 7점(85점 이상), 5점(80점 이상), 3점(80점 이하)
초등학교	10	0	10점(초품아), 5점(초등학교 인접), 0점(주변에 없음)
유치원/어린이집	2	0	2점(단지 내), 0점(없음)
입구 차단기	1	0	1점(있음), 0점(없음)
언덕 여부	2	0	2점(평지), 1점(약간 언덕), 0점(가파름)
동별 배치	2	0	2점(우수), 1점(보통), 0점(복잡)
동 간 거리	2	0	2점(우수), 1점(보통), 0점(복잡)
소음 여부	1	0	1점(없음), 0점(있음)
지하주차장 여부	1	0	1점(있음), 0점(없음)
주차 상태	2	0	2점(우수), 1점(보통), 0점(복잡)
단지 청결도	2	0	2점(우수), 1점(보통), 0점(지저분)
놀이터 상태	2	0	2점(우수), 1점(보통), 0점(지저분)
상가	2	0	2점(관리 우수), 1점(보통), 0점(공실 많음)
ATM	1	0	1점(있음), 0점(없음)
합계	50	6	최고점: 50점, 최하점: 6점
특이사항			

동산을 고른다면 당신의 실패 확률은 줄어들 것이다. 나는 부동산은 성공할 확률을 높이는 것이 아니라 실패할 확률을 낮추는 것이 중요하다고 항상 강조한다. 내가 선택한 부동산이 당장은 조금 오르거나 보합이면 다행이다. 반면 조금이라도 떨어진다면 지옥을 맛볼 것이다.

초반부터 욕심내지 말고 일주일에 하루 정도 시간을 내서 3개월만 한 지역을 중점적으로 꾸준히 임장해보자. 그 안에서 1~3등 단지를 스스로 찾아보자. 1~3등 단지를 선별했을 때는 선택하게 된 이유가 있어야 하고 누군가를 설득할 수 있으면 더 좋다. 설득할 사람이 없다면 가족도 괜찮다.

⑴ 임장 시 단지 체크 리스트

【표3-10】은 내가 직접 만들어서 활용했던 단지 체크 리스트다. 시간이 조금 걸리지만 관심 단지를 내 것으로 만드는 데 매우 유용한 자료라고 할 수 있다. 참고로 항목과 점수는 임의로 부여한 기준인데 상황에 따라 조금씩 조정한다. 따라서 각자의 기준을 정해보고 그 항목에 따라 배점하면 된다.

⑵ 임장 시 이것만큼은 반드시 점검하라

① 학군은 어떤가

학군은 단순히 학교 성적이 좋다는 의미가 아니다. 이 문장에는 아이 키우기 좋은 환경도 포함되어 있다. 학교와의 접근성도 같이 고려해야 한다.

당신이 학부모라면 집을 마련하기 전에 반드시 등굣길을 아침과 저녁 한 차례씩 임장해야 한다. 그 길은 장차 당신의 아이들이 매일 걷는 길이 될 것이다.

꼼꼼히 봐야 한다. 눈뜨고 코 베가는 세상이다. 딸 가진 아버지들은 이 부분을 주의해서 봐야 한다. 교통사고가 발생하기를 원하는 사람은 이 세상에 아무도 없다. 그러나 교통사고는 매일 매분 매초 발생하고 있다. 안전하고 쾌적한 환경은 우리 스스로 만드는 것이다.

② 얼마나 신속히 지하철역에 도달하는가

삶의 질과 연결된 부분이다. 대부분 양질의 직장은 서울에 분포되어 있다. 즉, 지하철을 이용해서 출퇴근하는 사람이 매우 많다는 의미이기도 하다. 지하철을 이용해서 직장에 도착하는 것과 버스에서 지하철로 환승하는 것과는 상당한 차이를 보인다. 하루 이틀 다니는 직장이 아니다. 평생을 그렇게 출퇴근한다고 생각해보라. 끔찍스럽다!

대부분이 나처럼 생각하니 역세권은 흔히 말하는 프리미엄이 붙는다. 교통 프리미엄이다. 이는 삶의 질과 직결된 아주 강력한 프리미엄이 된다. 임장 시 실제로 아파트 단지에서 역까지 걸어서 가보자. 걷는 과정에서 느꼈던 점도 꼭 기록해보자. 그래야 기억에 오래 남는다.

③ 왜 꼭 그 아파트에 살아야 하는가

각자의 선택 이유가 있다. 믿기 어렵겠지만 아파트 기운이 좋다, 방향이 좋다는 논리로 투자를 결정하는 사람이 있다. 집은 본인과 가족이 살기 좋고 직장까지 가깝다면 더할 나위 없다. 울릉도에 사는 사람에게는 울릉도가 고향이며 공기 좋고 살기 좋은 곳이다. 마찬가지로 제주도에 사는 사람도 제주도가 고향이며 살기 좋은 곳이다. 거주하는 지역에 정이 붙으면 호박도 수박으로 보인다.

내 고향은 대전 외곽 지역이다. 누가 봐도 입지가 좋다고는 볼 수 없지만, 이상하게도 정이 가고 여유가 된다면 근처에 살고 싶다. 그래서 서울보다 대전이 좋다. 이것은 주관적인 요소로 호박이 수박으로 보이는 예시다.

매주 그리고 매일 투자 활동을 하면서 느끼는 점이 있다. 실거주할 것이라면 해당 지역 1등 입지 또는 그 근처로 살아야 한다는 것이다. 울릉도 사는 사람한테 서울 살라고 하면 '내가 왜'라고 대답할 것이다. 그러니 울릉도의 1등 입지로 가야 한다. 그래야만 실거주와 시세차익 두 마리 토끼를 모두 잡을 수 있다. 단, 고평가된 1등 단지는 조금 위험할 수 있다.

유독 가격이 저렴한 물건을 만났다. 빠르게 투자하고 싶은 마음에 퇴근과 동시에 버스를 타고 지방 임장을 출발했다. 거의 도착할 즈음 부동산 중개소 소장으로부터 연락이 왔다.

"방금 가계약금 입금되었습니다."

허탈했다.

'그래, 어차피 왔으니까 단지 주변의 임장이라도 하고 가자.'

그렇게 늦은 시간까지 임장을 하고 KTX를 이용해 집으로 복귀했다.

'이게 벌써 몇 번째인지…. 내가 너무 싸게 사려고만 했던 것일까? 그래, 낙심하지 말자. 모든 시도는 전진을 위한 또 다른 발걸음일 뿐이다.'

4단계
매수 결정법

1단계 물건에 가격을 맞추지 말고 가격에 물건을 맞춘다

'아반떼 사러 갔다가 그랜저 산다'라는 이야기를 들어본 적이 있는가. 실제로 종종 일어나는 일이다. 조금만 보태면 좀 더 좋은 차를 살 수 있다는 생각에 마이너스통장, 신용카드 등을 이용해서 무리하게 차를 구매한다. 얼마 후 매달 지불하는 금액과 함께 카푸어의 삶을 살게 된다.

지금 이 시장에서 부동산을 보유한 사람 중 가장 두려운 사람이 누구일까? 무리한 대출로 집을 산 사람들이다. 그들은 아반떼 대신 그랜저를 택했다. 그랜저를 택한 것이 나쁜 것은 아니다. 능력이 되면 그랜저를 아니 수입차를 타기 원한다. 단순 이동 수단으로써의 가치는 동일하지만 아반떼와 그랜저는 성능·정숙성·안전성 등이 차이가 있다고 볼 수 있다.

의식주 문제는 태어나서부터 죽을 때까지 우리를 따라다닌다. 더 좋은 집, 더 좋은 지역에서 살고 싶은 것은 인간의 본성이다. 이 본성은 너와 나의 등급은 다르다에서 시작한다. 상승장 초입에 그랜저를 택하는 것은 좋은 선택이다. 그러나 후반부에 그랜저를 택한다면 자칫 피눈물을 흘릴 수 있다. 실제로

【그림3-13】경기도 성남시 분당구 S아파트 84타입 가격 흐름

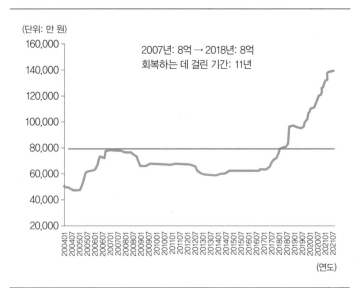

나는 오늘도 부동산에서 자유를 산다

1997년과 2008년에 많은 사람이 피눈물을 흘렸다.

서울이 좋은지는 누구나 안다. 단, 무리하지 말아야 한다. 무리한 실거주와 투자로 매일 밤 악몽에 시달릴 수 있다. 이 느낌은 경험해본 사람만 안다. 그래서 내가 보유한 현금에서 살 수 있는 최고의 물건을 찾아야 한다. 아반떼를 원하는 수요층도 있다. 무리는 하지 말자. 가격에 물건을 맞춰도 승산이 있다.

2단계 세입자 만기일 간격은 최소 3개월 이상 유지한다

기업들이 왜 M&A와 투자를 하며 사업을 키울까? 사업의 확장과 규모의 경제는 성공의 필수 과정이기 때문이다. 기업처럼 개인이 위대한 투자자로 거듭나려면 확장하는 과정이 필요하고 그 과정에서 리스크를 최소화하는 것이 핵심 과제가 된다. 한편 이때 어떤 식으로든 뼈를 깎는 고통이 수반되거나 큰 충격이 오기도 한다. 이 세상에서 저절로 이뤄지는 것은 없다. 등줄기에 식은땀이 흐르는 오싹한 경험을 여러 차례 했다면 당신은 최소 초보 딱지는 벗었다고 볼 수 있다.

나는 이 만기일 간격 유지를 책을 통해 접했고 실제로 적용하고 있다. 시중에 나와 있는 부동산 책을 대부분 읽어보았지만, 이 내용을 자세하게 언급한 책은 거의 없었다. 이 분야의 근간들은 거의 섭렵했다는 자신감이 생길 때쯤 이 내용을 처음 제대로 접했다. 당시 나는 투자 경험이 많지 않아서 대수롭지 않게 생각하고 넘어간 부분이었다.

내용은 매우 단순하다. 세입자 만기일을 고려해서 부동산을 소유하면 된다. 그러나 내용을 모르는 것과 아는 것, 아는 것과 실천하는 것은 엄청난 결과의 차이를 가져다준다. 가장 나쁜 것은 내용도 모르고 저지른 것이다. 만기일 간격을 3개월 이상 유지하는 가장 큰 이유는 전세금 상환 리스크 헷지다.

예를 들어 2주택을 전세를 주고 있는데 1번째 주택의 만기일이 10월이고 2번째 주택의 만기일이 10월이다. 이 리스크를 감당할 수 있는가. 같은 달에 임차인을 동시에 구해야 한다면 조금 걱정이 되지 않는가. 솔직히 나는 3개월도 짧다고 느낀다.

당신은 평생 투자 시스템을 만들고자 많은 공부를 했을 것이고 임장을 하고 수십 군데의 부동산을 방문했을 것이다. 최악의 상황에도 우상향(전세)할 지역을 선택했을 것이다. 당연히 힘들게 알아보고 결정했다.

이제 고생해서 심은 시드머니를 키우는 2단계 과정에 올라왔는데 처음에 가볍게 넘겼던 부분이 열매를 수확하지 못하게 될 수 있다면? 나아가 매입 당시 전세가보다 현재 전세 시세가 낮거나 2주택 모두 전세금 반환(대출)을 준비해야 한다면?

이런 상황들은 물론 최악의 경우다. 신중하게 결정해서 투자

한 지역이라면 이 같은 상황은 쉽게 생기지 않는다. 그러나 부동산 투자자는 항상 바닥까지 고려해야 한다. 완벽하게 준비했다고 생각해서 진행해도 중간중간 실수가 생기기 마련이다. 실패를 통해 배우는 건 한 번 정도면 충분하다.

만기일 간격 유지 방법 예시

1주택 전세 만기 시점(2020년 12월)
2주택 전세 만기 시점(2021년 1월)

투자자가 활용할 카드는 크게 3가지가 있다. ① 본인이 2주택 모두 감당할 수 있는 멘탈과 현금 흐름을 준비하면 된다. ② 2번째 매입하는 주택의 임차인과 전세 만기 일정을 조정한 후 매입하면 된다. 전세는 법적으로 2년이 보장된다(지금은 4년). 계약서에 2년 기간이 명시되어 있지만, 부동산중개소 소장과 세입자와의 협의를 통해서 반영할 수 있다. 쉽게 말해 2개월만 만기를 늦춰달라고 양해를 구하는 것이다. 양해를 구할 때는 통화 내역 또는 문자 답변 자료를 확보하는 것도 나중을 위해 좋다. ③ '매수하지 않는다'.
나는 ③을 선택한다. 리스크를 감당할 수 있다면 매입해도 된다. 그러나 이 상황이라면 매수하지 않는다. 예전에 설마 나에게라고 생각했던 것들이 하나씩 현실화되면서 나의 투자 기준이 되었다. 리스크 확률을 낮출 투자를 원한다면 고민하지 말고 ③을 선택하라.

3단계 미래 수익률을 계산하라

【그림3-14】는 A아파트 실거래가다. 34평이며 해당 아파트 호

가는 2021년 상반기 5.5억 원 정도 된다. 최소 5.5억 원부터 매수가 가능하다는 뜻이다. 이 아파트는 2008년 하락을 시작으로 2012년까지 내리 하락했고 2013년부터 상승했다.

34평형 기준 2013년 평균 매매가는 약 3.2억 원이었고 2021년 평균 매매가는 약 4.6억 원으로 1.4억 원 수준의 차이가 난다. 이를 %로 반영하면 2013년부터 2021년까지 44%가량 상승했다는 것을 알 수 있다.

이번에는 호가 기준으로 계산해보자. 2013년 평균 매매가는 약 3.2억 원이며 2021년 출발 가능한 호가는 약 5.5억 원으로

【그림3-14】 경기도 A아파트 실거래가

(단위: 만 원)

계약월 / 112㎡의 실거래가				2013	12월	매매 3억 2,900(22일,1층)
2021	1월	매매 4억 6,500(29일,9층)				매매 3억 2,500(17일,15층)
		매매 4억 5,700(29일,10층)				매매 3억 4,000(13일,5층)
		매매 4억 3,000(29일,2층)			11월	매매 3억 4,800(19일,7층)
		매매 4억 4,500(28일,8층)				매매 3억 1,800(18일,5층)
		매매 4억 6,000(27일,2층)			10월	매매 3억 2,000(30일,11층)
		매매 4억 8,000(13일,8층)				매매 2억 9,200(22일,6층)
		매매 4억 7,700(13일,7층)				매매 3억(19일,10층)
2020	12월	매매 4억 3,000(31일,9층)				매매 3억 1,800(15일,10층)
		매매 4억 5,000(29일,5층)				매매 3억 1,500(12일,7층)
		매매 4억 2,800(28일,9층)				매매 3억 3,800(8일,11층)
		매매 4억 4,900(22일,8층)				매매 2억 6,000(5일,1층)
		매매 4억 6,000(19일,12층)			9월	매매 3억 2,250(30일,13층)
		매매 4억 4,100(11일,11층)				매매 3억 2,000(6일,6층)
		매매 4억 3,000(6일,7층)				매매 3억 2,650(2일,10층)
		매매 4억 1,200(5일,3층)				
		매매 4억 5,000(5일,2층)				

나는 오늘도 부동산에서 자유를 산다

이를 %로 반영하면 72% 상승이다. 현재 수도권 주요 입지의 아파트 대부분은 100% 이상 상승하고 있다. 즉, 수도권 주요 역세권에 포진되어 있는 아파트 상승률보다 이 아파트의 상승률이 상대적으로 낮은 것을 알 수 있다.

이 지표는 자기가 현재 어느 시점에 투자하고 향후 수익률이 어느 정도 발생할지 가늠할 수 있는 중요한 참고 자료가 될 것이다. 나는 실제로 투자하기 전에 이러한 수익률 계산을 통해 기대수익률을 예상해보고 투자를 했다.

이런 향후 수익률 계산이 반드시 맞는 것은 아니다. 그러나 적어도 가격 관점에서 당신이 어떤 시점에 투자하는지는 파악할 수 있고 투자를 결정하는 데 힘을 실어줄 수 있다.

【표3-11】과 같이 A·B·C의 가격 차이를 비교함과 동시에 상승률을 계산해보고 A 대비 B가 상승률이 낮은 이유와 B 대비 C의 상승률이 낮았던 이유를 찾아보자. A는 왜 상승률이 높았는지 하나씩 검토해보자.

【표3-11】 미래 수익률을 예측하기 위한 상승률 비교평가법

단위: 만 원

구분	2013년	2020년	차이	상승률
A아파트	32,000	70,000	38,000	119%
B아파트	31,000	50,000	19,000	61.3%
C아파트	30,000	40,000	10,000	33.3%

이런 검토 과정을 통해서 남들이 발견하지 못한 저평가 매물을 만날 수 있다. 실제로 나는 이런 식의 과거 대비 현재 상승률과 향후 예상되는 미래 수익률 검토를 통해 입지를 검증했다.

너우리의 투자일기

내가 생각했던 저평가 물건 가격이 불과 2주 사이에 드라마틱하게 올랐다. 내 수익률 계산식으로도 이 물건은 몇 년간 낮은 상승률을 보였다. 매수하고 싶었지만 차마 매수할 용기가 나지 않았다.

'지금까지 오르지 않은 물건이면 앞으로도 덜 오르지 않을까?' 나의 철저한 오판이었다. 이로써 또 하나를 배운다.

'투자는 알기 어려운 것이 아니라 행동하기 어려운 것이다.'

4단계 혼자만의 시간 갖기

영화 〈글래디에이터〉(2000)를 보면 주인공이 전장에서 싸우기 직전에 항상 반복적으로 하는 일이 있다. 새로운 큰일을 시작하기 전에 모든 채비를 마무리하는 의식과 비슷하다. 겨울에 차를 운행하기 전에 미리 시동을 켜고 예열하는 것과 같다.

당신은 투자 지역에 대한 정보를 입수해 손품과 발품 팔아서 어렵게 매물을 만났다. 이 과정도 쉽지 않았을 것이다. 10개

중에서 1개, 100개 중에서 1개, 심지어 300개 중에서 1개를 만난 사람도 있을 것이다. 앞서 설명한 3단계 과정을 거친 후 마지막으로 고려할 부분이 '혼자만의 시간 갖기'다.

'혼자만의 시간 갖기'는 독립된 공간과 시간을 만들어서 질문하고 답하는 것이다. 스스로에게 질문하고 그 질문에 대한 답을 메모지 등에 적어보는 것이다. 초보라면 주변 사람에게 의견을 물어봐도 되지만 원하는 답을 줄 사람은 많지 않을 것이다.

매수 전에 나는 나 자신에게 총 5가지 질문을 던진다.

① 내가 가진 자본으로 계약·중도금·잔금 지급과 등기 처리까지 정말 문제가 없는가?
② 내가 생각했던 실거주/투자의 조건들을 모두 충족하는가?
③ 내가 선택한 이 아파트는 최선이 맞는가?
④ 충동적으로 구매하는 것은 아닌가?
⑤ 실패를 대비한 플랜 B를 준비했는가?

각각의 질문을 머릿속에서 생각하고 정리하는 것이 아니라 메모장에 하나씩 필기하면서 답을 적어보자. 이 과정은 제조업체에서 상품을 출고하기 직전에 최종 품질 검사를 하는 것과 유사하다. 100% 올바른 선택이라고 판단했더라도 혹시 모를 1% 가능성을 다시 한번 점검하는 것이다. 귀찮고 피곤한 과정일 수 있다. 그러나 반드시 해야 한다. 다음은 《완벽한 공부법》에 나온 '확증편향'에 대한 이야기다.

'소박한 실제론'은 자신이 세상을 제대로 보고 있다고 순진하게 믿는 것을 말한다. 공용 화장실에서 여성 화장실의 1번째 칸을 사용하는 비율이 5%에 불과한 것으로 나왔다. 사람들이 1번째 칸이 2번째, 3번째 칸보다 많이 갈 것이고 더 더러울 것이라고 생각해서다. 하지만 사람들은 실제로 1번째 칸을 가장 적게 이용했다. 당신은 화장실에 진입하고 나서 1번째 칸을 이용한 적이 있는가 아니면 2번째 칸을 주로 이용했는가.

이처럼 당신이 생각한 게 확증편향일 수 있다. 당신만 그렇게 느낀 것일 수 있다는 얘기다. 이를테면 '여기는 나만 아는 아파트야'라고 생각할 수 있다는 것이다. 꼭 투자가 아니더라도 먹고사느라 정신없을 만큼 각박한 현실에서 자기 자신을 지키기 위해 혼자만의 시간은 꼭 필요하다고 본다.

투자를 실행하기 전에 반드시 혼자만의 시간을 갖고 내가 적어준 5가지 질문에 대한 답을 찾아보기를 바란다. 각각의 질문에 완벽한 답을 적을 수 있다면 당신의 투자는 실패하지 않는 투자가 될 것이라고 나는 확신한다.

반드시 성공하는
투자 원칙 3가지

제1원칙 합리적인 가격으로 매수하라

가격이 싸다는 것은 단순히 가격이 저렴한 것에서 내 투자금
이 적게 들어가는 것, 이 2가지를 동시에 충족한다는 것이 전
제 조건이다. 그렇다면 【그림3-15】에서 어떤 물건을 사야 할까?

일반적으로 B → A → D → C 순으로 매수를 고민해야 한
다. 그런데 막상 시장에 나가서 물건을 보면 원하는 물건은 없
고 A나 C 같은 물건만 있는 경우가 허다하다. 같은 단지이고 단
지 내 최저가임에도 투자금이 생각보다 많이 들어가는 것이다.

A아파트	B아파트	C아파트	D아파트
가격⇩ 투자금⇧	가격⇩ 투자금⇩	가격⇧ 투자금⇧	가격⇧ 투자금⇩

수도권은 더 그렇다.

예를 들어보자. A단지 매물의 매매가는 2.5억 원, 전세가는 1.5억 원, 투자금은 1억 원이다. B단지 매물의 매매가는 2.8억 원, 전세가는 2억 원, 투자금은 5,000만 원이다.

당신은 어떤 물건을 살 것인가. A가 투자금이 더 많이 들어간다. 그러나 B보다 3,000만 원이 저렴하다. 이 상황에서 당신이 B를 산다면 주객이 전도되는 것이다. 이때 둘 중 하나를 선택해야 한다면 A를 골라야 한다. 고민하지 말고 A를 사야 한다. 단, 조건이 붙는다. A에 투자한 후 예상되는 투자금 회수 기간을 계산하고 매수를 결정해야 한다.

2021년 6월에 투자했다면 내가 이 투자금을 언제쯤이면 다시 회수할 수 있는지 계산해봐야 한다. 비록 A에 투자금을 많이 투입했더라도 원금 회수만 빠르다면 고민할 필요 없이 A를 매수해야 한다. 다음과 같은 사이클이 아주 빠르게 돌아갈 수만 있다면 당신의 자산 또한 빠르게 축적될 것이기 때문이다.

나는 원금 회수를 투자의 열쇠라고 보고 있다. 과수원에 비유한다면 최초에 농부가 나무(아파트)를 심었고 첫 수확으로 열매를 따기까지 관리에 들어간 비용을 전액 회수하는 데 걸리는 시간을 얼마나 빠르게 단축하느냐는 당신이 얼마나 빠르게 부자가 되느냐로 귀결된다. 1차 목표는 당연히 투자금 전액 회수다. 실제로 투자금 회수를 통해 전세가가 매매가를 넘으면 그때부터는 편안한 투자가 가능하게 된다. 이때부터 당신의 소중한 종잣돈이 하나도 들어가지 않는 투자가 가능하게 되면서 회수한 투자금으로 또 다른 나무를 심을 수 있게 된다.

살 때부터 최저가 매수를 위해 노력하자. 매매가와 전세가 차이가 적다고 비싼 물건을 매수하는 실수를 하지 말자. 합리적인 가격의 저렴한 물건을 사는 것은 투자의 기본 중 기본이다.

제2원칙 역세권을 고수하라

서울·수도권에서 역세권이 주는 의미는 매우 크다. 이유는 수요와 입지적 희소성에 있다. 수요에는 크게 실수요와 가수요가 있다.

(1) 실수요는 예를 들어 설명하도록 하겠다. A단지가 역세권, B단지가 비역세권이라고 할 때 A단지는 전철을 이용하는 사람들이 선택할 가능성이 크다. 반면 B단지는 굳이 전철을 이용하지 않을 사람들이 거주할 확률이 높다. 즉, 전철역은 매매가와 전세가에 긍정적인 영향을 주는 요소 중 하나다.

같은 조건, 같은 연식의 아파트라도 역이 앞에 있는 것과 없는 것은 차이가 존재한다. 그래서 나는 항상 역에서 최대 800미터 이내의 물건을 매수한다. 단, 이 원칙은 수도권에 해당한다. 지방 도시에는 적용하지 않는다.

(2) 가수요란 투자 수요를 말한다. 그들도 당신과 같이 수요를 고려하므로 역세권 매물을 선호한다.

아파트는 공급 대비 수요가 많으면 가격이 오르고 수요 대비 공급이 많으면 가격이 내려간다. 물론 그 이면에는 심리적인 요소, 정부의 정책 등 복합적인 요인이 여럿 있겠지만 그런 요인들은 공급과 수요를 일으키는 개별 요소이며 최종 결과는 수요가 결정한다. 핵심은 수요에 있다.

역세권 물건을 사야 하는 또 다른 이유는 입지적 희소성이다. 컴퍼스를 가지고 역을 기준으로 반경 800미터 이내로 선을 그려보면 【그림3-16】처럼 그 안에 포함되는 아파트들이 나올 것이다. 그런 곳들을 집중 매수해야 한다. 걸어서 출퇴근할 수 있는 거리이기 때문이다.

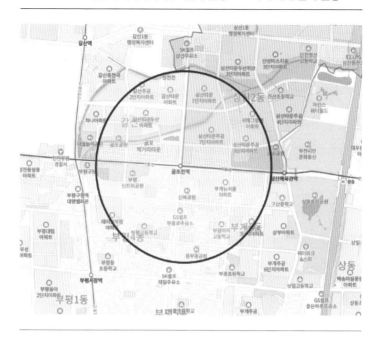

한편 역세권 아파트의 강점은 하락장에서 더 빛을 발한다. 실수요와 가수요가 동시에 빠지는 하락장에서는 비역세권보다 역세권이 하방경직이 강한 흐름을 보이기 때문이다.

이러한 역세권 불변의 법칙은 서울·수도권에 거주하는 한 변하지 않을 것이다. 성공적인 투자를 하려면 이 원칙을 고수하기 바란다.

제3원칙 미래 가치를 포함하라

당장 물건의 가격이 조금 높더라도 4~5년 뒤에 물건의 가치가 상향될 가능성이 크다고 판단되면 나는 과감하게 매수한다. 저렴한 물건을 산다는 것은 가격만 싸다는 것이 아니다. 미래에 물건이 지닐 가치를 추정해보고 현재 가격에서 어느 수준까지의 미래 가치가 반영될 것인지 고민하고 판단한 후 추가 수익을 얻을 수 있다고 판단되면 매수를 결정하게 된다. 부동산이 지닌 미래 가치 판단 과정은 다음과 같다.

① 교통+직장+인프라 개선 호재 파악
② 이 중 4~5년 이내 100% 실행 가능한 호재 선별
③ 제1원칙과 제2원칙 포함해 가장 낮은 매매가+가장 높은 전세가 아파트 위주 임장
④ 매수 최종 결정

이 같은 판단 과정을 통해 매수하면 향후 4~5년간 걱정이 없어진다는 점이 가장 좋다. 확실한 호재가 있으므로 호재 실현 전까지는 안심하고 기다릴 수 있게 되는 것이다. 실제로 하락장이 오더라도 불편의 호재라는 방어 요소가 있어서 심리적으로 팔지 않고 버틸 힘이 된다.

나는 투자는 종잣돈과 실행력이 50%, 나머지 50%는 심리적 요인으로 승패가 갈린다고 본다. 확실한 호재는 승률을 50% 이상으로 높이는 MSG 같은 역할을 하는 부분이라고 생각한다. 집은 사는 것도 중요하지만 어떠한 흔들리는 바람에도 불구하고 끝까지 버틸 수 있는 것 역시 중요하다.

절대 불편의 미래 가치 2가지

- 교통 개선(신규 지하철 개통·연장)
- 대규모(대기업) 업무지구 입주

너우리의 투자일기

투자금 전액을 회수했다. 매매가가 전세가를 넘어선 것이다. 그동안 생각했던 나의 투자 기준, 원칙, 빠르게 돌아가는 현금 흐름을 목표로 했던 결과이기도 했다. 이제 투자금으로 무엇을 할까? 또 어떤 매물이 나를 기다릴까? 어떤 매물을 만날까? 벌써 설렌다. 마치 보물찾기를 하는 것 같은 착각이 든다.

그렇다. 나는 지금 이 투자를 즐기고 있는 것이다. 나의 과거가 인내의 시간이었다면 이제는 희망과 성공이 공존하는 시간이다. 아인슈타인은 '어제를 배우고, 오늘을 살며, 미래를 꿈꾸어라'라고 했다. 그의 말처럼 나는 고작 이 3가지를 매일 실천했을 뿐이지만 시간이 흐를수록 목표는 조금씩 더 뚜렷해진다.

Chapter 3

부동산 투자
Step 3

꾸준함(절실함 + 실행력)이 이긴다

○

○

○

○

머스트해브 아이템 '절실함'

간절해야 한다. 간절하면 움직이기 시작한다. 유튜브 등 쉽게 노출이 가능한 채널에서 성공한 사람이 한결같이 언급하는 말이기도 하다. 당연해서 꼰대같이 들리는가.

모든 것의 시작은 '이 일은 해야겠다는 마음'이다. 몸이 이끌려서 시작했다는 건 거짓말이다. 마음이 하고자 하는 그곳으로 나아갔기 때문에 시작한 것이다. 그냥 해볼까라는 마음으로 가볍게 시작해도 물론 할 수는 있지만, 결과는 조금 달라질 수 있다.

절실하지 않은 상태라면 원하는 목표에 닿지 않아도 만족하거나 중간에 쉽게 하차하는 일이 생겨도 느끼는 바가 없다. 정신적으로나 육체적으로 데미지를 받지 않는다. 그래서 투자자는 절실함을 장착해야 한다. 게임으로 비유하면 머스트해브 아이템을 장착해야 한다는 뜻이다.

부동산은 최소 억 소리가 난다. 그런데 절실하지 않을 수 있을까? 신기하게도 그런 사람들이 주변에 있다. 마치 쇼핑하듯 오르겠지 싶어 선택한다. 주변 사람들이 "여기 좋아요"라고 추천해서 선택한다. 그 선택이 틀렸다는 뜻은 아니다. 대세 상승장에는 올바른 선택이 될 수 있다. 요즘 같은 시기에 더 그렇다. 다만 알고 행하는 것과 우연히 얻어걸린 것은 장기적으로 봤을 때 리스크가 있다는 것을 말해주고 싶다. 매수하는 아파트가 당장은 오를지언정 장기적으로는 아닐 수 있다는 것이다.

다시 절실함을 이야기해보자. 절실함을 얻기까지 여러 요인이 존재한다. 나는 첫 부동산 실패가 절실함을 가져왔다. 1년이 넘는 기간 동안 골방에서 살았다. 퇴근 후와 주말을 이용해 독서와 스터디를 했다. 지금은 이렇게 투자에 관한 글을 쓰고 있지만 말이다.

당신에게 절실함을 얻을 만한 어떤 재료가 있는가. 가난함? 실패? 부러움? 노후 준비? 뭔가 인생을 걸만 한 것이 있어야 한다. 부동산은 우리가 평생 가져가야 할 가장 큰 자산이자 울타리다. 절실함이 없다면 그 절실함을 만들어보려고 노력해보자.

무언가를 시도할 절실함도 없으면서 멋진 삶을 바란다는 것은 욕심에 불과하다. 당신이 가정을 끌어가는 가장이라면 그 자체로도 충분히 절실해질 수 있다.

"어설프게 대충 하려면 아예 시작도 하지 말라."

절실하면 따라오는 '실행력'

절실함으로 무장하고 꾸준히 준비하며 그날을 위해 칼을 갈고 있는 당신이라면 언젠가 실행해야 할 시점이 온다. 누군가에게는 인생에서 1~2회에 불과할 수 있으며 평생 실행하지 않는 사람도 있기는 하다. 하지만 적어도 이 책을 읽는 당신은 부동산 투자를 통해 자산을 키울 의지가 있을 가능성이 크다.

비록 당장은 여건이 되지 않더라도 언젠가는 시장에 참여할 준비가 되어 있어야 한다. 꼭 모든 조건에 부합하는 곳이 아니더라도 때로는 인생에 한 번쯤 과감한 배팅을 해야 할 순간이 찾아올지 모르기 때문이다. 이때 당신은 준비가 되어 있어야 실행할 수 있다. 실행하기 위한 준비의 시작은 절실함이며 결과는 실행력이다. 이 2가지는 서로 깊이 연결되어 있다. 절실하니 실행할 수 있었다는 얘기다.

실행 시점을 잠시 이야기해보자. 누군가에게는 절실함이 어느 날 느닷없이 찾아오고, 누군가에게는 잔잔하게 다가온다. 마음속으로 예전부터 생각하고 미루고 미루다가 실행하기도 한다. 미룬다는 것이 잘못되었다는 것은 아니다. 오해 없기 바란다. 본질은 시기가 아니라 실행을 하느냐 하지 않느냐다. 첫발을 담그고 하나씩 해보는 것과 생각만 하면서 상념에 사로잡혀 고민하는 것은 차이가 있다.

처음은 어설프고 어렵고 진도가 나가지 않을 것이다. 그러나 시간이 흐를수록 익숙해지고 달라지는 것을 느낄 것이다. 투자는 회사나 학교처럼 공부하고 일을 하게 되는 환경을 만들어주지 않는다. 모든 부분을 처음부터 끝까지 스스로 하게 되는데 경험이 없는 사람들은 막연한 두려움을 느낄 것이다. 나도 그랬다.

이제부터는 자기 자신을 믿어라. 인생에서 최대의 성과와 목표를 이루는 비결은 당신을 100% 믿는 것에서 시작된다. 반드시 자기 자신을 믿어야 한다. 여전히 시장은 뜨겁고 기회는 전국에 존재한다.

"이 책을 읽는 오늘이 앞으로 남은 새로운 인생이 시작되는 첫날이다."

가장 중요한 '꾸준함'

절실해서 실행했다면 2부 능선은 넘었다고 볼 수 있다. 고작 20%? 안타깝게도 이제부터가 본선이다. 투자나 사업은 공부 머리와는 질적으로 다른데 똑똑하고 지식이 풍부하다고 해서 잘하는 것은 아니다.

유독 이런 분야에 타고난 재능을 보이는 사람들이 있다. 인정하자. 솔직히 그런 사람들은 우리와 다른 부류일 가능성이 크다. 유튜브나 각종 매체에서 누구나 노력하면 할 수 있다고 말하지만 모든 사람이 할 수 있는 건 아니다. 각자의 능력치 마지노선은 존재한다.

그렇다면 왜 꾸준히 해야 하는가.

본질은 각자의 달걀을 깨기 위함이다. 무주택자가 준비되지 않은 상태에서 하루아침에 갑자기 주택 수를 빠르게 늘릴 수 있을까? 관리가 가능할까? 현금 흐름을 감당할 수 있을까? 자칫 하락과 부채 리스크로 인해 삶이 망가질지 모른다.

기업의 재무제표를 보면 항상 부채가 존재한다. 부채 없는 투자는 없다. 부채는 항상 투자와 공존한다. 감당할 수 있는 깜냥이 되지 않는다면 1주택만으로도 충분히 고통받을 수 있는 것이 부동산 투자다. 2008년 서브프라임 모기지 사태를 제대로 겪었던 선배들이 부동산 이야기를 하면 치를 떠는 이유이기도 하다. 인간은 기쁨보다 고통의 기억을 더 오래 간직한다.

본질로 돌아가 우리가 꾸준히 해야 하는 이유는 달걀을 깨기 위함이다. 각자가 가진 한계선을 넘는 것이다. 나는 자본이 1억밖에 없다, 빚이 있다 등 각자의 사정이 있을 것이다. 각자에게 주어진 자원의 한계는 명확하다. 하루아침에 바뀌지 않는다.

그러면 이제부터 어떻게 해야 할까?

다시 새롭게 태어나야 한다. 과거의 당신을 지우고 이제부터 다른 사람이 되어야 한다. 이 행동은 오직 자기 자신을 위해서 하는 행동이다. 어느 누가 시키지 않고 오직 당신이 원해서 하는 것이다. 좀 더 명확히 정의하면 보다 나은 미래와 인생에서 주어진 시간의 주인공이 되기 위해 수행하는 모든 행위다.

꾸준히 한다는 것은 각자가 원하는 밝은 미래를 맞이할 확률을 높이는 작업임을 기억해주기 바란다. 쉽지 않겠지만 끈을 놓지 말고 조금씩 나아가 보자. 가장 위대한 투자자도 한때는 초심자였다는 사실을 잊지 말자. 나 역시 예전에는 당신과 똑같은 월급쟁이였다.

"누구도 과거는 지울 수 없다. 그러나 인생은 새롭게 시작할 수 있다."

부동산 시장 흐름
이해하기

부동산에서 흐름이란 매매가와 전세가의 방향성을 말한다. 매매가는 매매를 원하는 사람들의 수요에 의해 가격이 형성되고, 전세가는 전세를 거주하기를 원하는 사람들의 수요에 의해 가격이 형성된다. 매매가와 전세가 모두 수요에 의해 가격이 결정된다. 다만 이 둘은 때로는 같은 방향을 가리키며 나아가지만 때로는 전혀 다른 방향으로 나아가기도 한다.

당신이 초보이고 부동산을 잘 모른다면 매매가와 전세가의 흐름을 유심히 봐야 한다. 경제 상황이나 부동산 지식이 부족하더라도 주변의 몇몇 단지의 매매가와 전세가의 흐름만으로도 그 지역 시장의 흐름을 대략 파악할 수 있기 때문이다.

지금부터 어떤 흐름이 존재하는지 하나씩 살펴보고 투자자나 실거주자라면 어떤 매매가와 전세가 흐름을 보일 때 투자하는 것이 리스크가 가장 적고 수익률을 높게 가져갈 수 있을지 생각해보자.

레벨 1 겨울

레벨 1은 매매가가 하락하면서 건설사의 분양 물량 증가로 전세가도 동반 하락하거나 보합하는 시기다. 전체적인 침체기 시장으로 '부동산 투자로 돈 버는 시대는 끝났다'라며 집 사기를 주저한다. 정부에서도 나름의 부동산 거래 활성화를 위해 노력하지만, 집값은 쉽사리 올라주지 않는다. 한번 고착화된 사람들의 마음은 쉽게 변하지 않으며 끝나지 않을 것처럼 끝이 없는 하락과 보합이 이어지는 시기라고 볼 수 있다.

한편 투자 난이도는 가장 낮아지는 구간이다. 골라서 매수할 수 있고 원하면 더 싼 가격에 매수가 가능하다. 다만 문제가 하나 있다. 매수한 후에도 가격이 계속 떨어진다는 것이다. 자칫 이 시기에 투자하면 '떨어지는 칼날을 잡지 말라'의 격언을 몸소 체험할지 모른다.

【그림3-17】레벨 1 겨울

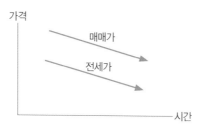

상황 ① 시간이 흐를수록 매매가는 하락한다
상황 ② 이때 전세가도 동반 하락한다

레벨 1 주요 특징

- 공급량/매물 증가

- 거래량 적음, PIR 낮아짐

- 매매가격지수/매수심리지수 낮음

- 평단가 하락, 주변의 부정적인 인식

레벨 2 봄

끝을 알 수 없을 것 같았던 레벨 1을 지나 레벨 2가 찾아왔다. 이 시기는 먼저 전세가는 서서히 상승하는 모습을 보이면서 몇 년째 가격이 떨어지던 매매가도 하락을 멈추고 보합하는 모

【그림3-18】 레벨 2 봄

상황 ① 시간이 흐를수록 매매가 하락 폭이 줄거나 보합을 유지한다
상황 ② 이때 전세가는 상승한다

레벨 2 주요 특징

- 전세가격지수/전세가율 상승, 거래량 소폭 반등

- 공급과 수요 균형 또는 누적공급량 감소

- 전세 매물/인허가/미분양 감소

- 매매가에 전세가가 붙는 단지 확인됨

- 선수들의 시장 선진입

습을 보인다. 여전히 매매가는 일부 지역에서 하락하는 모습을 보이지만 레벨 1보다는 하락 폭이 작은 양상을 띠기도 한다. 한편 전세가는 꾸준히 오르면서 매매가 턱밑까지 추격하는 단지들도 조금씩 보이는 시기이기도 하다.

매매가와 전세가가 큰 차이가 없다면 사람들은 어떤 결정을 내릴까? 이때부터 사람들은 하나둘 매수를 고민한다. '3,000만 원만 더 주면 이 아파트를 살 수 있겠는데'라는 생각이 들면서 일부가 매수로 방향을 틀게 된다.

레벨 2의 확실한 증거는 미분양 감소, 꾸준한 전세가율 상승, 거래량 증가다. 물론 거래가 폭발적인 것은 아니지만 변화의 바람을 감지하기에는 충분하다.

그러나 여전히 많은 사람이 부동산을 부정적으로 생각하는 시기이기도 하다.

레벨 2 타이밍에는 우수한 인프라·교통·환경을 갖춘 지역으로 진입해야 한다. 비교적 저점 매수가 가능하기 때문이다. 실수요자라면 이 시기에 맞춰서 좀 더 좋은 지역으로 평수 갈아타기를 하는 것도 괜찮은 방법이다. 부동산 사이클을 여러 번 경험한 투자자들은 주로 이 시기에 본격적인 투자를 시작한다고 보면 될 것이다.

레벨 3 초여름

드디어 긴 어두운 터널을 지나 레벨 3이 도래했다. 이 시기에는 크게 2가지 특징을 보인다. (1) 미분양이 빠르게 소진되면서 프리미엄이 붙고 분양권 거래 또한 활발해진다. (2) 서울을 중심으로 거래량이 빠르게 증가한다.

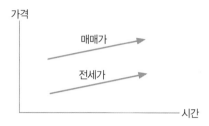

상황 ① 시간이 흐를수록 매매가는 상승한다
상황 ② 이때 전세가도 상승한다

레벨 3 주요 특징

- 매매가격지수/전세가격지수 동반 상승

- 누적공급량/미분양 감소

- 공급 대비 수요 증가, 거래량 증가

- 투자 수요/매수심리지수 증가

매매가와 전세가의 흐름을 보더라도 매매가가 서서히 상승 곡선을 보이는 단지들이 속출하고 시장은 매도자 우위 시장의 모습을 보이게 된다.

부동산에 관심이 없던 사람들도 하나둘 관심을 기울이는 시기로 향후 공급이 부족한 지역이라면 가파르게 가격이 상승하는 모습을 보이곤 한다. 대체로 이 시기에는 서울·수도권 같은 준수한 입지의 부동산을 매수함과 동시에 꾸준히 가격이 오르는 경험을 하게 될 것이다.

한편 지난 상승장에서 상투를 잡았던 사람 중에서 일부는 이 시기에 매도를 한 후 전세를 택하기도 한다. 마치 주식을 꼭 지에서 잡고 몇 년 동안 물리다가 원금 회복 시점이 되었을 때 파는 것과 비슷하다고 보면 된다.

실제로 부동산과 증권이 동반 침체하는 2008년 일부 수도권 아파트의 꼭지를 잡았던 사람들은 10년간 하락과 정체기를 힘들게 겪었다.

서울에서 시작한 온기는 수도권 일대로 빠르게 퍼지면서 서울과 인접한 순서대로 수도권 전역에서 신고가가 속출하는 일들이 연이어 발생한다. 여전히 일부 실수요자들은 전세를 택하는 시기이기도 하다.

레벨 4 한여름

레벨 4는 가파르게 오르는 가격으로 인해 그동안 전세에 거주하거나 무주택자들이 새롭게 대거 참여하는 시장이다. 이 시기에 수도권 곳곳의 저렴한 매물이 아주 빠르게 소진되면서 온기가 수도권 주변 인접 도시로 빠르게 퍼져 나간다.

한편 오랜 기간 상승했던 피로감으로 인해 일부 지역에서는

【그림3-20】레벨 4 한여름

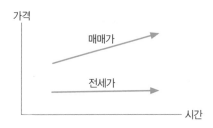

상황 ① 시간이 흐를수록 매매가는 상승한다
상황 ② 이때 전세가는 보합을 유지한다

레벨 4 주요 특징

- 매매가격지수/매수심리지수 상승

- 꾸준한 PIR 상승

- 확실한 수요 우위, 매물 감소

- 거래량 대폭 증가

- 미분양 제로 유지, 고분양가 논란

고평가 논쟁이 발생하고 일부는 내 집 마련을 포기하기도 한다. 매매가의 기울기가 가장 가파르게 상승함에 따라 정부가 연이어서 강력한 규제 대책을 내놓으며 부동산 안정화에 박차를 가하는 시기라고 볼 수 있다.

단기간에 가격이 급상승하면서 전세가와 매매가의 차이가 점점 벌어지는 모습을 보여주곤 한다. 여전히 저평가 매물은 존재하지만, 예전만큼 큰 수익률을 기대하기는 힘든 사이클이라고 볼 수 있다. 다만 이 뜨거운 레벨 4 사이클이 언제까지 지속할지 섣불리 예측하기는 쉽지 않다.

레벨 4는 내 집 마련과 투자를 하는 데 신중하게 결정해야 하는 시기라고 볼 수 있다. 실제로 2019년 다음 사이클인 레벨 5로 넘어가는 듯했으나 여러 번에 걸친 정부의 규제 정책, 유동성 증가, 전세 물량 감소 등 복합적인 원인이 작용한 결과 시장은 다시 한번 그 어느 때보다 뜨거운 한여름을 맞이했다.

레벨 5 가을

여전히 나오는 매물의 가격이 체감상 매우 비싸다고 느껴진다. 그러나 종전 대비 확연히 매매 거래가 감소된 것을 체감하게 되고 매매가의 기울기가 꺾이면서 보합 또는 소폭 하락하는 국면을 보인다. 일부 지역은 대규모 공급을 앞두고 급격하게 거래 단절의 모습을 보이기도 한다.

레벨 5는 거래량 감소로 이어지는 매물이 증가하는 모습이 나타나는 시기다. 단지마다 매물이 서서히 쌓이는 것이다. 오랜 기간 상승으로 인한 피로감에 투자나 실수요 매수를 주저하게 되면서 시장이 하락 국면에 진입하는 시기라고 볼 수 있다.

【그림3-21】레벨 5 가을

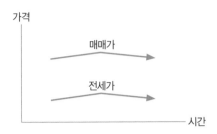

상황 ① 시간이 흐를수록 매매가 상승 폭이 감소하며 소폭 하락한다
상황 ② 이때 전세가도 소폭 하락한다

레벨 5 주요 특징

- 매매가격지수/매수심리지수 하락

- 대규모 공급 및 신도시 건설

- 매물 증가

- 거래량/투자 수요 감소

- 경제 위기

지금까지 부동산 사이클을 레벨 1(겨울) → 레벨 2(봄) → 레벨 3(초여름) → 레벨 4(한여름) → 레벨 5(가을)의 5단계로 구분해 설명했다. 모든 도시가 반드시 이 사이클을 따르지 않는다는 것을 기억해주기 바란다.

부동산 시장은 생물과 같아서 레벨 3·4·5를 여러 차례 반

나는 오늘도 부동산에서 자유를 산다

복하기도 한다. 마치 시장이 끝날 것 같은 분위기가 형성되어 시장에 개미 한 마리 보이지 않다가 정부의 정책이나 세계 경제 변화 등의 이유로 급상승과 하락을 반복하기도 한다.

따라서 투자 사이클을 맹신하면 안 된다. 예를 들어 지난 사이클은 10년 주기로 오르고 내렸으니 이번 사이클도 동일하게 10년 주기로 움직일 것이라고 판단하는 것은 옳지 않다는 얘기다. 전체적인 사이클 흐름을 설명했을 뿐 시장은 예측하는 영역이 아닌 대응하는 영역임을 기억해주기 바란다.

시장에서 통하는
실전 투자 꿀팁 8가지

●

○

○

○

1. 집 앞에 전철역이 들어온다

수도권은 현재 GTX로 대표되는 국가철도사업으로 개발이
한창이다. 수도권에 거주하고 있다면 내 집 앞에 전철역이 조
만간 들어올 것이라는 소식을 심심찮게 들었을 것이다. 대부분
'언제 전철역이 들어온다는 거지?'라는 의문을 품었을 것이다.

인천광역시 서구 검단오류역에서 남동구 운연역까지 운행하
는 인천도시철도 2호선 사례를 살펴보자. 2004년 〈문화일보〉
(11월 24일 자)에 관련 기사가 발표되었다.

"인천도시철도 2호선이 오는 2008년 착공된다."

인천도시철도건설본부는 인천 서구 오류동-남동구 남동공
단을 연결하는 전장 35.4km의 도시철도 2호선을 2008년
1월 착공, 2011년 6월 개통할 계획이라고 24일 밝혔다.

실제로 인천철도 2호선은 2016년 7월 30일에 개통되었다. 뉴
스에서 언급한 일정보다 5년이라는 세월이 흘러 개통된 것이다.
이 같은 사례는 주변에서 쉽게 찾을 수 있다. 인천도시철도 2호
선 개발 소식을 접수하고 2004년쯤 집을 매수한 사람이라면
무려 12년을 가지고 있어야 개통을 볼 수 있게 되는 것이다.

이번에는 김포·부천으로 이어지는 GTX-D 사례다. 2020년
김포시에서 협의체를 구성했다고 발표했고 그 후에 끊임없이
GTX-D를 김포에 유치한다는 계획들이 연이어 보도되었다. 다
시 1년 4개월이 흘렀고, 김포시가 원하던 GTX-D 강남 직결은
무산되었다. 교통 호재만 보고 2020년 김포시에 집을 투자했다
면 어떻게 됐을까? 다음의 〈한국일보〉(2021년 4월 30일 자) 기사
가 이를 대변해준다.

"GTX-D 강남 직결 무산에 … 김포 집값 상승 폭 둔화"

대세 상승장에는 하방경직과 수요 효과로 집값이 오를 수 있

지만, 교통 호재를 보고 투자한 사람이라면 실망하게 될 것이다. 신규 노선을 유치한다고 후끈 달아올랐다가 조용히 해프닝으로 끝나는 사례는 여전히 나오고 있다. 그런데도 사람들은 당장 교통이 개선될 것처럼 불나방같이 호재에 달려든다.

"우리 집 앞에 GTX가 들어온다." 말만 들어도 설레지 않는가. 강남을 20분 만에, 서울을 30분 만에, 여의도를 25분 만에 간다니 교통 혁신이 맞다. 다만 언제 착공하고 언제 완공하는지 명확해지기 전까지 말이다. 처음 교통 호재가 생겼다는 뉴스가 나왔을 때 반드시 이를 검증해야 한다.

기사는 당장 내일 들어올 것처럼 '계획하기로 했다', '추진되었다'라는 자극적인 표현을 일삼는다. 속지 말아야 한다. 정확한 착공일자가 발표되기 전까지는 투자하지 말아야 한다. 완공하고 나서 가격을 보면 착공 후 가격 정도는 상쇄하고 남을 수 있기 때문이다. 역사가 증명했다. 주식으로 따지면 교통 호재는 확실한 재료다. 다만 그 재료의 실현 여부를 꼭 확인하고 투자하기를 추천한다.

2. 구축 아파트 사이에 신축이 들어온다

예를 들어보자. 1만 세대로 둘러싸인 수도권 아파트 단지가

나는 오늘도 부동산에서 자유를 산다

있다. 총 8개 단지이며 각 단지 연식은 15년에서 30년 사이다. 그런 단지 주변에 1개 단지에서 신축 분양을 접수하기 시작했다. 당신은 그 20년 된 또는 30년 된 아파트에 거주하고 있다.

조금 값을 지불하더라도 새 아파트로 이사 갈 것인가. 아니면 분양가가 높을 테니 익숙하고 멀쩡한 아파트에 계속 거주할 것인가.

이번에는 상황을 좀 바꿔보자. 당신이 투자자다. 1만 세대 구축이 즐비한 곳에 신축 아파트 분양 접수를 시작했다. 가격은 기존 아파트보다 평당 800만 원이 비싸다. 이 아파트를 매수할 것인가 말 것인가.

우리는 항상 선택의 갈림길에 선다. 투자할 것인가 말 것인가. 실거주를 하든 투자를 하든 인생은 선택의 연속이다. 부동산은 유달리 큰 선택이다. 어쩌면 인생을 거는 선택일지 모른다. 그만큼 집이 우리에게 주는 의미는 남다르다.

구축 아파트 사이에 신축 아파트가 들어오는 일은 늘 빈번했다. 수십 년간 반복되고 또 반복되곤 했다.

【그림3-22】는 '여순광' 즉, 여수·순천·광양 신도시 사례다. 순천이 어디 있는지 아는가. 우리나라 지도를 보면 남해안과 가깝게 위치한 도시다. 나는 살면서 전라남도 순천을 딱 한 번 가보았다. 순천을 나쁘게 본다는 뜻이 아니다. 주로 서울과 수도권에서 거주했으니 그 지역을 갈 일이 딱히 없었다. 반대로 다

자료: 네이버부동산

른 지역에 거주하는 사람들 역시 서울이나 수도권을 방문할 일
은 거의 없을 것이다.

　여수·순천·광양은 오랜 세월 동안 신축 즉, 신도시 가뭄을
이어가다가 마침내 여수·광양·순천 사이에 신대지구라는 소
규모 택지 지구를 조성해 신축을 지었다. 비록 1기 신도시 규모
의 택지는 아니지만 여순광에서는 가장 신도시다운 규모 있는

택지 지구다.

【그림3-22】에 표시된 가격을 보면 어떤 생각이 드는가. 너무 비싼가, 아니면 너무 저렴한가. 참고로 여순광 주변에는 대기업이 꽤 포진되어 있다. 나는 신대지구가 그동안 수도권 신도시급의 퀄리티와 인프라에 목말랐던 여순광 사람들의 수요를 충족시켜준 하나의 대표적인 사례라고 보았다. 이런 사례들은 다른 지방 신도시에도 일어나고 있다.

본론으로 넘어가 '구축 아파트 사이에 신축이 들어온다', '주변 모든 아파트 중에서 그 아파트와 경쟁 상대가 없다' 즉, 아파트를 완공한 후에도 독보적인 새것이라는 프리미엄을 유지할 수 있다면 갈아탈 타이밍이다. 그야말로 투자 타이밍이다.

먹이를 먹어본 자만이 얼마나 달콤한지 안다. 나는 구축 아파트 사이에 위치한 신축 아파트 투자를 좋아한다. 이 법칙은 평생 써먹을 것이다.

3. 소형 세대도 오른다

【그림3-23】은 안양시의 소형 신축 아파트 사례다. 내가 이 아파트에 주목한 시기는 2020년 상반기였다. 투자금을 모두 소진한 상태여서 군침만 흘렸던 곳이다. 300세대로 구성된 소형

[그림3-23] 경기도 안양시 H아파트 시세

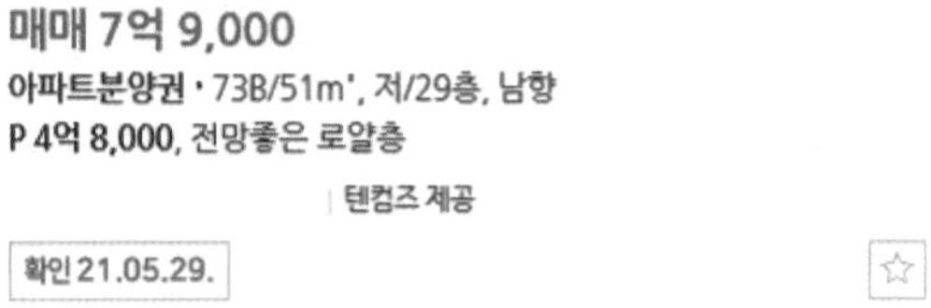

매매 7억 9,000
아파트분양권 · 73B/51㎡', 저/29층, 남향
P 4억 8,000, 전망좋은 로얄층

| 텐컴즈 제공

확인 21.05.29.　　　　　　　　　　☆

자료: 네이버부동산

규모였지만 구축 사이에 지어진 신축이고, 가격이 매우 착했다. 당시 59타입 기준 4.8억 원 수준이었다.

안양시에 사는 지인들에게 이 아파트를 이야기해보았지만 부정적으로 답하거나 심지어 이 아파트의 존재조차 모르는 이도 있었다. 그러나 현재 이 아파트의 59타입 호가는 8~9억 원까지 존재한다. 주변 구축 아파트의 시세를 고려했을 때 가격이다. 딱 1년 사이에 2배가 오른 모습이다.

사람들은 대형 세대를 선호한다. 대형 세대가 주는 인프라·쾌적함·거래량 등 여러 혜택이 존재하므로 예전부터 항상 세대수를 투자 기준으로 삼곤 했다. 그러나 입지가 떨어지지 않는다면 200~300세대로 구성된 신축이지만 가격이 주변 구축 아파트 수준 또는 그보다 조금 높다면 투자할 가치가 있다. 상승장 후반에는 이런 식의 투자가 효자 노릇을 한다.

노출된 대형 세대, 메이저 1군 브랜드 아파트는 누구나 아니가격 또한 누구나 알만 하게 형성될 가능성이 매우 크다. 실제로도 그러하다. 잘 찾아보면 200~300세대로 구성되었고 비교적 떨어지지 않은 입지의 아파트임에도 대형 세대의 3분의 2 또는 그 이하 가격으로 형성된 곳이 존재한다.

이번 주제에서 이것만은 기억해주기를 바란다. 상승장 중반이 지나서 부동산 투자나 실거주용 매수를 할 때 시드머니가 부족하다면 입지가 준수한 소형 세대에 주목하기 바란다. 많은 사람이 소형 세대에 대한 편견과 선입견이 있으므로 상대적으로 이런 곳은 저점 매수가 가능하다. 선입견은 그런 것이다. 죽을 때까지 그 선입견을 고치지 못하는 사람들이 적지 않다. 투자자는 항상 유연하게 생각해야 한다는 걸 잊지 말자.

4. 주상복합과 오피스텔의 변신

세상이 많이 변했다. 이제는 주상복합과 오피스텔도 오른다. 이런 생각이 선입견이다. 선입견은 무서운 것이다. 나는 2021년 상반기에 신축 오피스텔을 매수하려고 평소에 관심을 두던 신축 단지를 보러 갔다.

비가 억수로 내리던 날로 기억한다. 오피스텔에 관심이 생겨 알아보던 찰나에 괜찮은 매물을 발견해 임장을 떠났고 실제 매물까지 보기로 마음먹었다. 오피스텔은 저렴한 세금이 붙는 장점이 있어 나에게 적합한 매물이었다.

나: 소장님, 이거 분양가인데요?

소장님: 집주인이 지금 손해 보고 파는 거예요.

나: 가격 좋네요. 고민이네요.

소장님: 앞으로 이 가격에는 사지 못할 거예요.

나: 저도 아는데…(정말 오피스텔도 오를까요?)

오피스텔도 오를까 싶은 공포에 나는 당시 매수를 하지 않고 다른 물건을 선택했다. 이제 다시는 그때 그 가격으로 그 오피스텔을 매수하지 못한다.

방 3개, 화장실 1개 이상으로 구성된 오피스텔은 주거용 아파트를 대체할 수 있는 물건으로 입지가 좋고 신축에 가깝다면 충분히 승산이 있다. 방 2개, 화장실 1개로 구성된 오피스텔 역시 부족한 방의 수를 커버할 만한 대단지 1군 브랜드 신축이거나 입지적으로 좋다면 분명히 오를 수 있다. 노후에 월세를 받으며 시세차익까지 덤으로 얻고자 한다면 꽤 괜찮은 투자처가 될 수 있다.

나는 여러 번의 오피스텔 매수 기회가 왔지만, 번번이 놓쳤다. 투자하면서 이런 기회들은 매 순간 지나갔다. 투자할수록 시야가 넓어지고 투자 기회를 더욱 많이 접하게 되기 때문이다.

우리나라에서 아파트가 더 살기 좋으며 수요가 더 많고 인기 있는 것은 불변이다. 지금까지도 그리고 앞으로도 변하지 않을 것이다. 그러나 주변에 아파트 가격의 반값으로 아파트와 유사한 구조의 오피스텔이 있다면 한 번쯤 관심을 기울여볼 필요가 있다. 이런 곳은 이름만 오피스텔이고 실제로 아파트와 다름없는 곳이기 때문이다.

잃지 않는 오피스텔 투자법

① 신축(가급적 5~10년 이내)
② 대단지(신축 아파트와 붙어 있으면 가장 좋음)
③ 주차 대수 여유(평일 저녁에 가서 직접 봐야 함)
④ 최소 아파트와 동일한 입지 또는 더 좋은 입지
⑤ 방 3개, 화장실 1개 이상
⑥ 전망 준수(주로 남·동향)
⑦ 역세권(최소 500미터 이내, 가급적 초역세권 200미터 이내 추천)
⑧ 끝으로 합리적인 가격! ①부터 ⑦까지의 조건이 다 맞아도 가격이 합리적이지 않으면 매수할 이유가 없다.

TIP

• 아파트와 오피스텔이 입지가 유사하다면 대안이 될 수 있다.
• 입지가 별로인데 방이 3개라고 해서 아파트와 비교하는 것은 잘못된 방법이다.

5. 안 보고 계약한다

2020년 가을, 서울 서대문구의 소형 아파트 임장을 떠났다. 이유는 평소 보고 있던 다른 단지에 비해 세대수가 많이 작았던 영향으로 흔히 말하는 입지 대비 저평가 아파트로 판단되어 방문하게 되었다. 이 단지는 국내 굴지의 대기업이 모여 있는 광화문과 종로를 걸어서 갈 수 있는데 강남 아파트에 비해 저렴했다. 물론 당시에도 5억 원은 가뿐히 넘었지만 말이다. 지금은 8억 원이 넘는다.

부동산중개소에 도착하니 먼저 도착한 손님이 있었다. 딱 봐도 신혼부부로 보일 만큼 젊은 커플이다. 이럴 때는 부동산에 들어가지 않고 앞에서 서성거리다가 먼저 온 손님이 나가면 들어간다. 부동산 업무 특성상 동시에 2팀을 받기가 쉽지 않다는 것을 알고 있어 기다린 후 방문한다.

나: 소장님, 안녕하세요? 매물 관심이 있어 지나다가 들렀습니다. 앞에 분들은 신혼부부인가 봐요?
소장님: 네, 신혼부부인데 방금 계약하고 가셨어요.
나: 그래요? 요즘 수요가 좀 있나 봐요? 분위기는 어떤가요?
소장님: 요즘 갑자기 연락이 오기 시작하더니 오늘 계약한 분들도 안 보고 매수 결정하셨어요.

나: (급상승장!) 그렇군요. 매물은 좀 있을까요?

소장님: 지금 매물은 저층 빼고 다 계약되었어요.

안 보고 사는 장세였다. 여러 차례 경험한 상황이라서 가격이 오를 것이라는 직감이 들었다. 그 부동산을 방문한 이후 다른 부동산을 여러 곳 들러 현황 검증을 이어갔다. 내 집을 마련하거나 처음 집을 사는 사람, 투자를 전문적으로 또는 주기적으로 하지 않는 사람들은 타이밍보다 수요로 인해 집을 매수한다.

하필 당신이 집을 사려는데 사례처럼 안 보고 매수하기 시작한다면? 반드시 오를 가능성이 매우 큰 단지가 될 수 있다. 매물이 없고 매수자는 여러 명인 상황이다.

이때 단지 매물 가격이 갑자기 5,000만 원이 올라도 포기하면 안 된다. 포기하면 그 단지는 당신과 영영 멀어질지 모른다. 가격이 오른다면 올라서 사지 못하는 것이 아니라 가격이 오르기 때문에 더욱 집중하고 알아봐야 한다.

고수들은 매수자 우위 시장에서 집을 골라 사지만 초보는 오히려 겁을 먹는다. 그래서 현실적으로 하락장 투자는 초보자에게 적합하지 않다.

따라서 안전하게 달리는 말에 올라타는 투자를 해야 한다. 이런 투자는 리스크를 최소화할 뿐 아니라 안전 마진까지 확보해 심리적인 안정감을 주기 때문이다.

6. 욕을 많이 먹는 단지

사람들은 부동산을 매수하기 전에 해당 단지에 대해 다방면으로 검색하고 정보를 얻는다. 이런 정보를 얻는 곳으로는 뉴스·언론·유튜브·블로그·네이버 카페 등이 있다.

그런데 단지 중에서 유독 욕을 많이 먹는 단지가 있다. 댓글이나 여러 카페 등에 올라와 있는 글 중에서 해당 단지를 비방하는 글들이 많은 단지, 우리는 이런 단지를 주목할 필요가 있다. 이런 단지가 진짜 '알짜'일 수 있다.

왜 사람들은 그 단지를 욕하고 못 잡아먹어서 안달일까? 진짜 이유는 그 단지 가격이 떨어지기를 바라는 마음 때문이다. 단지가 욕을 먹는 가장 큰 이유는 가격이다. 가격이 터무니없이 비싸다고 생각하는 것이다.

【그림3-24】는 대전의 신축 아파트 사례다. 입주 당시 근처에

[그림3-24] 대전광역시 유성구 H아파트 인근

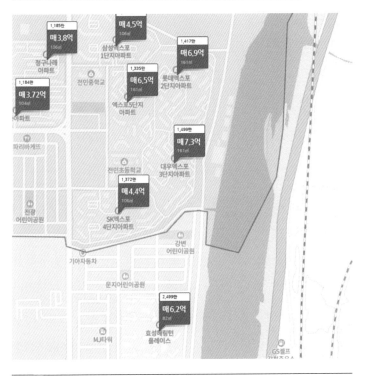

자료: 네이버부동산

하수처리장이 있어 이 부분을 걱정하는 사람들이 많았고 분양
가격 역시 주변의 구축보다 비싸서 말이 참 많았다. 2019년을
기점으로 주요 입지에 위치한 대전의 대부분 아파트 가격은 서
울·수도권처럼 약 2배가 상승했다.

나는 2019년 이 아파트를 처음 알게 되었고 당시 아파트 가
격은 59타입 기준 3억 원 초반이었다. 신축치고는 결코 비싼 가

격이 아니었다. 그때도 이 단지는 가격이 거품이다, 아파트에서 쓰레기 냄새가 난다, 하천 주변이라 안개가 심하다, 주변에 인프라가 열악하다 등 엄청나게 욕을 먹고 있었다.

이 아파트는 대전에서 유명한 대전문지중학교 학군이라는 점에 주목해야 한다. 예전부터 주변에 연구소와 국가기관이 많아서 주민 소득 또한 매우 높은 편이었다. 대전에서 흔히 돈 잘 버는 직장들이 모여 사는 동네였다. 이 단지 위에 5,000세대 규모의 구축 아파트들이 붙어 있었는데 유독 이 아파트만 욕을 많이 먹었다.

이상하지 않은가. 같은 지역 같은 생활권인데 왜 여기는 욕을 먹고 저기는 말이 없을까? 사람들은 자기가 갖지 못하거나 가질 수 없는 상황에서 그 존재 가치를 부정하곤 한다. 이런 일들은 비단 부동산뿐 아니라 주변에서도 빈번하다. '사촌이 땅을 사면 배가 아프다'와 비슷한 느낌으로 이해하면 될 것 같다.

현재 이 단지 시세는 중층 기준 6억 원이 넘는데 쉽게 떨어질 수 없는 가격으로 보인다. 나는 이때 이 아파트 대신 다른 대안을 선택했다. 당시 이 아파트와 내가 선택한 아파트 둘 다 오를 것이라고 판단해 무엇을 선택하느냐의 차이일 뿐이었다.

투자 과정에서 욕먹는 단지를 발견한다면 그 아파트와 주변 일대를 주목할 필요가 있다. 갖지 못해서, 배가 아파서 또는 자기들은 예전에 팔고 나와서 떨어지기를 바라는 이들의 방해공

작일 뿐이다. 고수들은 오히려 욕먹는 단지를 더 선호한다. 나 역시 욕먹는 단지는 한 번 더 자세히 보게 된다.

7. 1등 옆에 2·3등 아파트

삼성의 패스트 팔로어(Fast follower) 전략을 알고 있는가. 1등 을 벤치마킹해 달려가는 전략이다. 지역마다 '대장' 아파트가 존재한다. 시세를 리딩하는 시그니처 역할을 맡은 아파트가 대 장 아파트다. 대장 아파트는 의미가 있다. 그 지역의 부동산 가 치를 대변하기도 하고, 고평가/저평가의 판단 기준점이 되기도 한다.

한편 1등은 항상 피곤하다. 이야기도 많고 항상 사람 입에 오르내린다. 해당 지역을 검색해보거나 어디가 좋냐고 지인에 게 물어보면 가장 빠르게 언급되는 단지, 그것이 대장 단지다. 끊임없이 고평가 논란에 시달리기도 하는 대장 단지는 '안티'도 꽤 있다. 대장의 비애가 아닐까 싶다.

그 지역에서 누구나 이름만 들어도 아는 곳, 그 지역을 대변 하는 아파트, 도무지 단점을 찾으려 해도 장점만 보이는 곳, 그 지역 사람들이 모두 인정하는 곳, 기회만 주어진다면 살고 싶은 곳. 이런 1등 아파트의 가격은 비현실적일 수밖에 없다. 현재 수도권에 10억 원 이하 대장 아파트가 몇 개나 남아 있을까 싶다.

우리가 주식 투자를 할 때 적게는 몇천 원, 많게는 몇백만 원으로 그 회사의 주식을 담을 수 있다. 전 세계 1등 주식은 누구든 마음만 먹으면 주주가 될 기회가 있다. 한국의 1등 주식인 삼성전자는 누구나 지금 당장 매수가 가능하다. 그러나 1등 부동산은 아무나 매수하지 못한다. 그 지역에서 잘나가는 사람들이 거주할 가능성이 매우 크다. 금전적인 여유가 되기 때문이다.

이때 우리는 2등 또는 3등 단지를 주목할 필요가 있다. 1등 단지가 치고 나가서 2등과 3등 단지들과 가격 차이가 벌어지는 순간이 절호의 투자 타이밍이다. 이런 타이밍은 평소 그 지역 시세를 유심히 봐야 잡을 수 있다. 2020년까지만 해도 이런 케이스가 많았는데 2021년에는 공급마저 부족해 흐름 투자도 난이도가 높아졌다.

하지만 잘 찾아보면 기회는 존재한다. 설사 지금 찾지 못하더라도 이런 방법을 기억하고 있다가 다음 상승장에서 활용하면 된다. 기회는 반드시 돌아온다. 끈을 놓지 말자.

8. 온라인에 자주 언급되는 곳

커뮤니티에서 이름이 오르내리는 아파트들이 있다. 그 지역의

랜드마크일 수 있고 많은 투자자가 진입한 아파트일 수 있다. 그런데 이런 아파트들은 조심해야 한다. 입지가 좋지 않고 평범한 다른 수도권 아파트와 차이가 없음에도 이상하리만큼 정보 노출이 빈번하고 댓글이 많으며 일부는 찬양하기까지 한다.

"이제 84타입(32~34평형) 곧 10억 갑니다."
"막차 타세요."

아파트 이름이 자주 오르내리면서 당신의 눈에까지 보인다면 그 아파트는 고평가이거나 그것에 준하는 수준일 가능성이 크다. 적어도 내 경험은 대부분 그러했다.

초보들은 찬양 글들을 반복적으로 접하다 보면 어느 순간 그 단지와 사랑에 빠지곤 한다. 좋다 좋다 하니까 좋아 보이는 착시 효과가 생기는 것이다. 물론 좋은 단지일 수 있다. 문제는 가격이 좋은가다. 아무리 좋은 물건도 가격이 좋지 않다면 좋은 물건이라 볼 수 없다. 쉽게 말해 가성비가 없는 물건이다.

온라인에서 계속 언급되는 단지들은 선수들이 작업하는 단지일 가능성을 배제할 수 없다. 그들이 먼저 사고 그다음에 직접 또는 우회적으로 가격을 띄워서 자산을 증식시키는 것이다. 한 단지를 전국구로 수십 명만 매수해도 가격은 곧바로 오른다. 원래부터 물건이 많지 않았던 단지인데 코로나19 마스크 수요

폭등과 같이 단기간의 공급 대비 수요 부족으로 가격이 폭등하는 논리와 아주 흡사하다.

가격이 오른 후 선수들이 치고 빠지면 나중에 고생하는 건 실거주 수요자다. 살려고 했고 샀어야 했는데 좋은 물건이라 할지라도 하필 나쁜 가격에 사게 되어 하락장에 고통을 받는 결과를 초래하게 된 것이다.

단지를 고를 때 또는 물건을 살 때 눈에 띄는 홍보·광고·글이 반복적으로 보인다면 한 번 더 알아보고 매수하기를 추천한다. 지방 투자는 이런 걸 조심해야 한다. 가수요가 빠지는 순간부터 진짜 실수요 지옥장이 펼쳐질지 모르니 말이다.

실행력을 높이는
비교평가법

1. 비교평가를 반드시 해야 하는 이유

부동산에 관심이 생기면 사람들이 맨 먼저 하는 일이 있다. 책을 읽거나 주변 사람에게 물어보는 일이다. 또는 인터넷 카페에 가입하기도 한다. 사람들의 행동을 종합해보면 관련 정보가 있을 만한 곳으로 찾아간다는 것을 알 수 있다.

막상 기본을 익히고 부동산 사이트에 들어가서 보니 살 수 있는 물건은 굉장히 많다. 돈만 있으면 다 살 수 있을 것 같다. 우리가 살고 있는 아파트도 매물이 늘 넘쳐난다. 언제든 살 수 있다. 단, 돈만 있다면 말이다.

'그러면 이제 무엇을 사야 하는가.'

이것은 가장 큰 고민이며 영원한 숙제일 것이다. 부동산에 대한 모든 것을 이 한 문장으로 압축할 수 있다. 이 문장에 대한 답을 찾기 위해 지금까지 수많은 사람이 노력해왔고 때로는 인생을 걸었다. 서울의 강남이 좋다는 사실은 누구나 안다. 대구에서 수성구가 좋다는 것은 누구나 알고 있다. 그런데 우리는 그것을 살 돈이 없다. 그래서 가지고 있는 현금과 현금 흐름으로 가장 좋은 물건을 골라야 한다.

사람들은 자기가 살기 좋은 물건을 가장 좋다고 생각한다. 직장과 가깝고 주변에 학교도 있으니 좋은 물건이라는 것이다. 지방에 1억 원 남짓한 아파트에 거주하는 사람들에게 물어봐도 자기 아파트가 살기 좋다고 한다.

다음 사례를 보자. 아파트를 매수하려고 매수하는 층의 윗집과 아랫집에 포스트잇을 붙여놓았던 날, 집주인과의 통화 내용이다.

> 아랫집에 이사 예정인 신혼부부입니다.
>
> 부재중이셔서 연락처 남깁니다.
>
> 010-0000-0000

나는 오늘도 부동산에서 자유를 산다

윗집 집주인: 포스트잇 보고 연락드려요.

나: 안녕하세요? 아랫집에 이사 올 부부인데 여기 살기 어떤가 싶어서 연락드려봤어요.

윗집 집주인: 여기요? 살기 아주 좋아요. 층간 소음도 없고 조용하고 아이 키우기 좋고 결정적으로 집값 안 떨어져요.

나: 네, 주차는요?

윗집 집주인: 늦은 시간만 아니면 괜찮아요.

나: 근처에 마트가 없는데 괜찮아요?

윗집 집주인: 버스 타고 조금만 가면 마트 있어요.

나: 살면서 누수 생긴 적은요?

윗집 집주인: 전혀요. 여기 살기 좋아요.

나: 네, 설명 감사합니다.

집주인은 이 밖에도 좋은 이야기만 가득 해주었다. 그의 말이 다 정답은 아니었다. 냉정하게 판단했을 때 내가 느낀 부분과 다른 점도 있었다. 그러나 그는 자기가 거주하는 아파트가 가장 좋다며 나에게 매수를 적극적으로 추천해주었다. 파는 사람도 그와 같은 마음이었을까?

내가 가진 것을 남이 폄하하면 기분이 나쁘다. 아파트도 마찬가지다. 누군가 내가 사는 지역을 폄하하면 기분이 좋지 않다. 설사 그 아파트가 산꼭대기에 있든 외곽에 있든 말이다. 부동산중개소를 찾아가거나 주변에 물어보면 자기가 거주하는 곳이 살기 좋은 곳이라고 한다. 부동산중개소에 가면 좋은 이야기를 많이 들을 수 있다. '여기에 지하철이 들어온다', '큰 쇼핑몰이 입점한다' 등 방문자의 마음을 설레게 한다. 5년 뒤 10년 뒤의 모습을 상상하게 만드는 것이다.

"나 얼마 전에 아파트 매수해서 2억 벌었어." "집값 오르길래 직장이 가까워서 매수했어." 지금이라도 매수해야 하나 싶은 마음이 생기는 말이다. 일단 카페를 기웃거리며 부동산을 알아보기 시작할지 모른다. 그렇게 몇 달 뒤에 덜컥 매입하기도 한다. 실거주하는 사람들은 직장 근처에 매입하는 일도 허다하다. 나도 처음에 이렇게 매입했다. 호재를 믿고 남들처럼 내가 편한 지역에 아파트를 샀다.

질문을 하나 해보겠다. 당신은 인터넷에서 물건을 살 때 어떻게 하는가. 보고 곧바로 사는가. 그 품목의 가격이 100만 원이라면? 아마도 최소한 여러 모델과 비교해보고 가격 대비 성능이 좋은 모델을 고를 것이다.

하물며 수억짜리 아파트를 살 때는 어떻겠는가. 혹시 똑같이 여러 개 보고 고르는가. 100만 원과 3억 원은 300배 차이가 난다. 100만 원짜리를 무려 300개 사야지 3억 원이 된다. 그러면 적어도 모델 300개를 비교해서 최고를 골라야 하지 않을까? 3억 원짜리 물건을 사려면 적어도 30개 정도의 아파트 단지를 비교해보고 결정해야 한다. 지금 비록 같은 가격으로 살 수 있는 아파트라도 그중에서 어떤 아파트는 10년 뒤에 10억 원이 되고 어떤 아파트는 10년 뒤에 5억 원이 되기 때문이다. 이것이 매수 전 반드시 비교평가를 해야 하는 진짜 이유다.

비교평가를 통해 향후 가장 많이 오를 아파트, 하락장에서 버틸 체력이 있는 아파트를 매수해야 한다.

2. 어떻게 비교평가를 할 수 있을까?

부동산 투자가 매력적이면서도 수익률을 가늠할 수 있는 건 비교 대상이 전국에 널렸다는 점이다. 한 지역 안에서도 수십 개의 단지가 존재함에도 불구하고 사람들은 편해서 매수를 결정하곤 한다.

가격이 싸다고 덥석 무는 경우도 다수 존재한다. 빌라·상가 투자 시에 이렇게 당하는 경우가 많은데 내가 거주하는 집 근처에 신축 오피스텔 단지의 텅 빈 1층 상가는 2년째 공실인 상태다. 무려 3곳이나 말이다. 그 물건을 매수한 3명은 고통받고 있을 것이다. 최소 100~150만 원을 길거리에 버리고 있으니 그보다 더한 고통이 어디 있겠는가.

이처럼 시작을 누구에게 어떻게 배우느냐도 중요하다. 주식 투자도 비슷한데 버릇을 잘 못 들이면 그 버릇이 평생을 간다. 되지 않는 방법을 마치 되는 것과 같은 착각에 사로잡혀 계속 부적절한 타이밍과 흐름에 배팅하는 것이다. 다시 한번 말하지만 어떻게 배우는가도 중요하다.

나무를 보는 방법 ① 상세 조사

【표3-12】는 내가 쓰고 있는 비교평가법이다. 지역과 투자 상황에 따라 원하는 항목을 넣어서 단지별로 어떻게 다르고 어떤 단지가 저평가되었는지 찾는 방법이다. 이 방법은 시간이 꽤 걸리지만, 투자 확신을 올려주는 도구다. 해당 단지의 정보를 파악하기 위한 자료는 다 나와 있다. 네이버부동산 시세 또는 어플만으로도 정보를 입수하는 것이 가능하다. 내용이 부족하다고 판단되면 현장에 전화해서 해당 정보를 얻으면 된다.

사람들은 투자자들이 돈이 많아서 아니 부자라서 집을 사는 줄 알고 있다. 그렇지 않다. 나는 이러한 비교평가법으로 한 지역의 50~100개 되는 모든 부동산을 기록하고 실제로 대부분 단지를 발로 걸으면서 임장을 다녔다. 굳이 나처럼 할 필요는 없지만 적어도 투자를 한다면 이 정도의 단지 분석은 해야 한다. 4~5억 원 하는 아파트를 하루 이틀 고민하고 사는 건 무책임한 행동이라고 생각한다.

엑셀을 이용해서 여러분의 지역 주변에 10개 단지의 정보와

[표3-12] A아파트와 B아파트 비교 사례

구분	검토 항목	확인 내용	확인 내용
기본 정보	단지명	A아파트	B아파트
	연식	2004	2001
	평형	59타입	59타입
	구조	방 3, 화장실 1	방 3, 화장실 1
	세대수	500세대	1,000세대
	주차 대수	1.0대	1.2대
가격 정보	매매가	5억 원	6억 원
	매매 물량 개수	10개	5개
	전세가	3.5억 원	3.8억 원
	전세 물량 개수	1개	3개
입지 정보	역과의 거리	700미터	400미터
	주변 인프라	백화점 1개	백화점 1개
	초품아 여부	○	○
	특이 사항	은행 가까움	주변에 도서관 있음

시세를 기록해보자. 시간이 된다면 현장에 나가서 확인해보자. 부동산에 눈을 뜨는 놀라운 경험을 할 수 있을 것이다.

숲을 보는 방법 ② 전수 조사

네이버부동산을 통해 수도권 전 지역의 같은 가격 아파트를 전수 조사하는 방법이다. 매매가격으로 그 지역의 시세를 평가하는 방법이기도 하다.

【그림3-25】 네이버부동산을 통해 아파트 전수 조사하는 모습

　나는 이 방법을 사용할 때 원하는 가격 구간 또는 원하는 평수 구간을 설정하고 그에 맞는 아파트들을 하나씩 차곡차곡 담는 작업을 진행한다. 물론 시간이 오래 걸린다. 이 방법으로 아파트를 선별하다 보면 전국의 시세가 눈에 들어오고 저평가 단지로 보이는 녀석도 가끔 만나곤 한다.

　저평가 단지를 발견했다면 언급했던 방법을 통해 손품을 팔고 꼭 임장해보자. 답은 언제나 현장에 있다.

　방법 ②는 순수하게 가격·지역·평형을 베이스로 보기에 방법 ①에 비해 부족한 부분이 많다. 투자든 실거주든 지역에 투자하는 것이 아니라 수백 수천 개의 단지 중에서 1개의 단지를 매수하는 것이므로 이 방법으로 최종 투자를 결정해서는 안 된다. 다만 ②를 통해 나무가 아닌 숲을 보는 방법을 경험하고 그 다음에 ①을 통해 나무를 보는 방법을 고민한다면 현명한 투자를 이어갈 수 있을 것이다.

너우리의 투자일기

드디어 찾았다. 지금이 가장 적은 투자금으로 가장 멋진 부동산을 살 수 있는 절호의 기회다. 이 단지를 찾기까지 나는 10개 도시의 아파트들을 비교평가했고 마침내 이 단지를 발견했다. 아내에게 말했다. "앞으로 딱 10년만 일할게! 나머지 인생은 오직 가족과 나 자신을 위해서 살고 싶어."

PART

04

현실감 넘치는 실전!
부동산 소액투자 이야기

Chapter 1

부동산 소액투자는
어떻게 시작할까

부동산 소액투자란

부동산 소액투자란 보유한 최소한의 금액으로 최대한의 수익을 달성하기 위한 투자 전략이다.

예를 들어 투자금액 3,000만 원 이하가 반드시 소액투자의 조건은 아니라는 것이다. 50억 원이 있는 사람에게 1억 원은 소액투자가 될 수 있고 1억 원이 있는 사람에게 3,000만 원은 소액투자가 될 수 있기 때문이다. 즉, 소액에 대한 금액 기준은 없다는 걸 꼭 기억하기 바란다.

특정 금액을 기준으로 소액투자를 시작할 경우 자칫 정해둔 금액이 상한선이 되어서 더 좋은 물건을 놓칠 수 있고 오히려 고평가된 물건을 높은 가격에 매수하는 실수를 범할 수 있다.

소액투자가 중요한 이유

부동산 소액투자가 중요한 이유는 크게 3가지로 볼 수 있다.

(1) 빠르게 시작할 수 있다

목돈을 어느 정도 모아서 부동산 투자나 내 집 마련을 하게 되는데, 소액투자를 하게 되면 적은 돈으로 투자를 시작함과 동시에 꾸준히 근로소득으로 모으면서 보유한 자산과 함께 성장하며 또 다른 기회를 만들 수 있다.

(2) 리스크가 상대적으로 적다

적은 금액 또는 감당할 금액으로 시작할 수 있어 최악을 대비할 수 있다. 2008년 이후 대형 아파트 소유자 또는 투자자 중 일부가 무너졌던 가장 큰 이유도 투자금이 소형에 비해 많이 투입되어 리스크가 커졌기 때문이다.

(3) 다양한 경험을 쌓을 수 있다

부동산 소액투자를 시작해야 하는 가장 중요한 이유다. 부동산에서 내 집 마련은 끝이 아니라 시작이다. 지금 살고 있는 지역이 10년 뒤에 더 좋아질 지역이 될지는 모르는 일이다. 지방은 신축 대단지가 들어서거나 택지지구가 조성되면서 입지가 계속 바뀐다.

꾸준히 투자 성과를 내고 더 좋은 환경에서 살아가려면 부동산 투자 경험을 쌓는 것이 중요한데 소액투자는 다양한 경험을 쌓게 해주는 훌륭한 투자 전략이 된다.

부동산 소액투자는
이렇게 준비한다

소액투자를 준비할 때 크게 3가지 조건을 고려해야 한다.

1. 절댓값이 저렴한가

주객전도가 되지 말아야 한다. 절댓값이 저렴한지부터 검증한다. 투자금이 조금 더 투입되더라도 절댓값 즉, 매매가가 저렴해야 한다.

【표4-1】은 실제로 현장에서 보았던 지방 구축 아파트 소액투

[표4-1] 지방 구축 아파트 소액투자 실패 사례

단위: 만 원

구분	A(24평형)	B(34평형)
매매가	18,000	18,000
전세가	16,000	15,000
투자금	2,000+α	3,000+α
취득세	1.1%(공시지가 1억 원 이하)	12%(공시지가 1억 원 이상)

자 실패 사례다. A는 공시지가 1억 원 이하로 총투자금 2,000만 원과 취득세 1.1%(198만 원)가, B는 총투자금 3,000만 원과 취득세 12%(2,160만 원)가 발생한다. 물론 기타 지방세, 중개수수료(복비) 등의 비용도 추가로 발생한다.

이 두 물건을 단순히 투자금액만 고려하면 A가 저렴하다. 그러나 문제는 평형이다. B가 A보다 10평이 더 크다. 절댓값으로 봐도 B는 A보다 저렴한 물건이라고 볼 수 있다. 심지어 입지도 동일하다. 이 사례처럼 A가 소액이라고 매수할 것이라 아니라 이때는 B를 매수해야 한다.

2. 빠른 원금 회수가 가능한가

투자금이 비록 1억 원이 넘더라도 빠르게 원금 회수가 가능하다면 그 또한 소액투자 조건이 된다. 예를 들어 매매가 4억 원, 전세가 3억 원, 투자금 1억 원이 들어가는 물건이 있을 때 전세 만기가 1년이 남지 않았고 마침 전세입자가 이사를 한다고 한다. 향후 시세를 예측해볼 때 다음 전세 만기 시에 최소 받을 수 있는 전세가가 현재 매매가인 4억 원을 넘어서거나 근접할 것이라고 판단이 든다면 소액투자의 조건이 성립될 수 있다. 투자금을 아주 빠르게 회수할 수 있기 때문이다. 나는 이 방법으로 투자한 1억 원의 금액을 1년 이내에 전액 회수했다.

5,000만 원을 투자해서 2~3년 동안 묶이는 것보다 대출을 조금 받더라도 1억 원을 투자해서 1년 이내에 회수가 가능한 투자가 진정한 소액투자임을 기억하기 바란다.

3. 레버리지 활용이 가능한가

내 돈을 사용하지 않고 자산을 소유하는 것을 말한다. 즉, 투자금은 대출에 대한 이자 상환 비용이 전부라고 볼 수 있다. 이 방법은 소액투자의 꽃이면서 하이 리스크 하이 리턴에 해당한다. 하락장에서 이 방법을 사용하면 대출금을 날릴 수 있다. 한편 수익률 무한대를 기록할 수 있는 유일무이한 방법이기도 하다. 시장을 제대로 읽고 볼 줄 아는 안목이 있을 때 적극 활용해야 한다.

나는 오늘도 부동산에서 자유를 산다

언급한 3가지 조건을 모두 충족해 소액투자를 시작할 때 주의할 점이 있다. 최소한의 금액과 원금회수 기간의 마지노선을 정해놓아야 한다. 자칫 무리해서 감당할 수 없는 금액으로 투자를 하거나 장기간 금액이 묶임에 따라 몇 년 동안 아무것도 하지 못하는 상황이 생긴다면 바람직한 투자라고 할 수 없다.

반드시 시간을 당신 편으로 만드는 투자를 해야 한다. 투자한 금액을 빠르게 회수해야 한다.

"앞으로 당신에게 주어진 모든 시간은 돈보다 더 가치가 높다는 사실을 잊지 말자."

Chapter 2

소액투자 성공 사례

6개월 만에 100% 순수익을 얻다
안양시 M아파트

나는 이렇게 매수했다

첫 투자에 실패한 후 무엇을 잘못했는지 하나씩 알고 싶었다. 그래서 무작정 서점을 찾아 부동산 투자·경제·자기계발 등의 서적을 닥치는 대로 골랐다. 한 번에 20권씩 구매해 평균 1일 1권씩 정독했다. 다시 2~3주 후에 20권을 구매해 읽기를 수차례 반복했다. 짧은 기간에 수백 권을 정독하는 것이 가능했던 이유는 직장이 가까웠고 당시 결혼하지 않아서 많은 시간을 확보할 수 있었다. 아주 간절한 심정이었다.

[그림4-1] 경기도 안양시 호계동 주변 지도

자료: 네이버지도

【그림4-1】은 내가 매수했던 안양시 호계동의 모습이다. M아파트는 학군 우수 지역이며 교통과 인프라 또한 우수했다. 이 M아파트를 매입하기 전까지 100번의 이상의 임장을 다녔다. 임장(臨場)이란 아파트를 실제로 방문하고 매물을 확인하는 것을 말한다. 100개 이상의 아파트 중에서 가장 좋다고 판단된 물건을 매수한 것이다.

M아파트를 매입한 결정적인 이유는 같은 지역의 다른 아파

트보다 가격에서 장점을 보였기 때문이다. 현재 보유한 부동산 가격은 곧 그 지역 아파트의 실제 가치다. 순간순간 저평가되기도 하고 고평가되기도 하지만 가격 평균점은 존재한다. 투자자는 가격 평균점보다 미달하는 그 시점을 파악할 줄 알아야 한다. 즉, 매수와 매도 타이밍을 잡는 것이 투자의 핵심이다.

비역세권 같은 역세권

서울을 제외한 수도권에서 학군으로 유명한 지역은 크게 분당·평촌·일산 등이 있다. 비록 1기 신도시인 안양시 호계동의 아파트 평균 연식이 30년이 되어가지만, 학군의 위상은 높은 편이다. 대형 학원가 인근의 아파트 단지들은 항상 꾸준한 전입 수요가 존재한다. 학구열이 높은 한국에서 학군은 반드시 검토해야 하는 중요한 항목이다.

경기도 안양시 1기 신도시 평촌은 크게 2개의 전철역을 거친다. 평촌역과 범계역이다. 평촌역과 범계역의 입지는 대동소이하지만, 평촌역 부근에는 유흥가가 밀집되어 있는 반면 범계역 주변에는 거의 없다. 대형 학원가도 범계역 주변에 있다. 즉, 투자 관점에서 봤을 때 범계역 주변이 좀 더 매력적으로 다가왔고 그 주변을 시작으로 모든 매물을 하나씩 검토해갔다.

나는 2~3주에 걸쳐서 해당 지역의 시세, 투자 가치를 검토하고 3주 후부터 본격적으로 임장을 나선다. 임장할 때 평일에는 퇴근 후 1~2개 단지 3~4개 매물 이상, 토요일에는 2~3개 단지 7~8개 이상의 매물을 확인한다. 이렇게 한 달을 돌아다니면 한 도시의 대부분 아파트 구조·장단점·시세가 한눈에 들어오는 것이 가능하다. 1개의 도시를 제대로 파악하려면 2달의 시간이 걸린다고 볼 수 있다.

물론 시간을 더 단축해서 볼 수 있다. 그러나 투자를 감행하겠다면 자세히 볼수록 투자 확률은 높아지므로 가급적 많은 단지를 보려고 노력한다.

M아파트는 역에서 1.2킬로미터 떨어진 비역세권이었지만 앞에 버스정류장이 있고 버스가 정차하는 주기가 5분 이내다. 역에서 600~800미터 거리에 있는 아파트에서 도보를 이용하는 시간보다 오히려 빠르게 역에 도착이 가능한 것이다. 아파트를 매수하기 전에 배차 간격을 조사한 후 버스를 타고 역까지 왕복 이동을 해보았다. 역시나 5분도 안 되는 시간에 범계역에 도착했다. 신호를 잘 받으면 3분 이내 진입도 가능했다.

비역세권이지만 충분히 역세권에 버금가는 곳이라면 이는 역세권과 다름없다. 주변 단지에 비해 큰 하자가 없는 것으로 보임에도 가격이 낮게 형성되어 있다면 언젠가 오를 가능성이 있다고 볼 수 있다. 물론 가능성에 불과하지만, 투자는 항상 리스크를 안고 가는 것이므로 감당할 수 있다면 도전해볼 수 있다. 100번쯤 임장을 통해 선정한 만큼 뚜렷한 투자 근거와 확신을 갖고 투자를 감행했다.

투자 총평

나는 한 번 매수한 아파트는 웬만해서는 팔지 않는다. 내 투자 원칙이다. 그러나 6개월 보유 후 M아파트를 매도했다. 가장 큰 이유는 양도차손을 통해 세금 절세를 하기 위함이었다. 나는 세금 절세를 100% 할 수 있는 양도차손 카드를 버리고 싶지 않았다. 다시는 받을 수 없는 수익 실현의 기회였다.

양도차손이란 당해에 손실을 본 부동산과 이익을 얻은 부동산의 차익을 서로 상쇄하는 것이다. 따라서 매도를 고민할 당시

【그림4-2】 양도차손 예시

2019년 1월	2019년 6월	결과
아파트 1채 매도	+ 아파트 1채 매도 =	재투자
매입 당시 대비 -3,000만 원 손해	매입 당시 대비 +3,000만 원 이익	양도소득세 0% 100% 순수익

【표4-2】투자 결과

단위: 만 원

구분	내용		구분	내용
연도	2019		연도	2019
매수가	31,000	⇨	매도가	34,000
전세가	25,000		시세차익	3,000
투자금	6,000		수익률	50%

*취득세·중개비 등 제외

다주택을 보유하고 있어 최소 양도소득세 60% 이상을 내야 했다. 그러나 1원도 내지 않았다. 그해에 내가 일부 손해 본 아파트를 팔아서 세금 절세가 가능했다. 이것이 M아파트를 매도한 결정적인 이유이기도 했다. 이 투자로 얻은 수익의 전액(100%)은 순수익으로 남는다. 총 3,000만 원의 수익을 얻었고 이 투자를 통해 1억 원 이상의 투자금을 확보할 수 있었다.

현재 M아파트는 4억 원을 넘어 6억 원을 향하고 있다. 아쉬움이 남지만 M아파트를 매도해 보다 좋은 신축 아파트를 매수할 수 있었으니 후회는 없다.

투자를 진행하다 보면 당시에 더 나은 선택을 하지 못한 것에 대한 후회가 밀려올 때도 간혹 있다. 충분히 그럴 수 있다. 그러나 과거는 돌릴 수 없다. 현재와 미래만 존재할 뿐이다. 투자자라면 실패와 성공 투자 경험을 쌓아가면서 이런 경험들을 타산지석으로 삼아 앞으로 나아가면 된다.

나는 오늘도 부동산에서 자유를 산다

꼭 1등이 아니더라도 좋다
안산시 L아파트

나는 이렇게 매수했다

2005년 부동산이 거침없이 오르던 시절을 기억하는가. 서울을 필두로 용암이 화산 전체를 덮듯이 투자 열기가 전국을 뜨겁게 달구었다. 당시 충청권 이하까지 그 열기가 흘러갔는데 이는 마치 2019년 모습과 흡사했다. 2019년 경기도 안산시는 조정지역을 벗어난 곳이었다. 조정지역이 아니라는 의미는 눈에 보이는 뚜렷한 상승이 없다는 얘기다.

2021년 7월 현재, 안산시 단원구 중앙역 인근의 H아파트는

24평 기준 평당 3,000만 원이다. 신안산선 교통 호재와 핵심 상권을 갖춘 역세권에 위치한 입지적 우위를 점하는 곳이다.

코로나19 직후 일부 안산에 사는 사람 중에서 이 아파트가 고평가되었다고도 했지만 나는 최소 평당 2,500만 원은 가뿐히 넘을 것이라 확신했다. 착공되어 공사 중인 신안산선의 효과가 강력하다고 생각했기 때문이다. 신안산선을 이용하면 중앙역부터 여의도까지 25분 이내 돌파가 가능하면서 인근 1기 신도시인 평촌과 산본처럼 서울 주요 중심 업무지구까지 빠르게 이동이 가능하다.

나는 확정된 교통 호재로 그동안 경기도 외곽으로 평가받던 안산이 변방이 아닌 주요 수도권 지역으로 편입하게 되는 결정적인 역할을 하게 될 것이라고 보았다. 신분당선이 완공했을 때를 상기해보면 이해가 될 것이다.

분당의 위상은 신분당선 착공 전후로 나눠볼 수 있다. 전철이 완공되기 전까지는 체감하지 못할 수 있으나 착공이 확정되고 시간이 흘러 전철이 개통되면 파급 효과는 생각보다 엄청나다.

나는 부동산 투자를 하는 데 다른 것은 포기해도 교통만큼은 포기할 수 없다. 한번 지어진 역은 수십 년의 세월이 지나도 바뀌지 않는 영구 교통이 되며 영구 교통은 시간이 지날수록 더욱 그 가치가 유지되기 때문이다.

사람들은 항상 편리함을 좋아한다는 것을 잊지 말자. 부동

나는 오늘도 부동산에서 자유를 산다

【그림4-3】 신안산선 운행 노선도

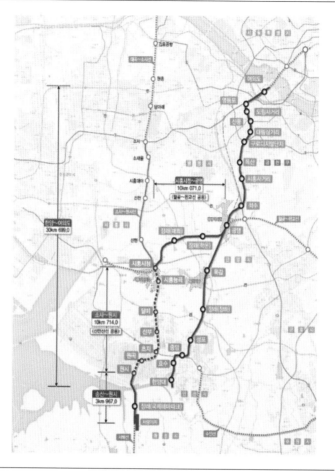

자료: 네이버지식백과

산에서 편리함의 1순위는 교통이다.

당시 평촌·산본에 이어 안산 일대를 임장하고 있었는데 안산을 임장지로 선택했던 가장 큰 이유는 이것이다. 부동산 흐름으로 볼 때 역사적 관점에서 2005년과 비슷한 풍선 효과가 도래한다는 것을 인지했고, 안산의 아파트 가격이 다른 도시 대비 저렴했기 때문이다. 2019년 후반까지 안산은 공급이 몇 년 동안 누적되어 끝을 알 수 없을 지경으로 하락하고 있었다.

부동산은 흐름이 있다. 오를 때는 계속 오르고 내려갈 때는 한없이 내려간다. 2019년까지 안산의 모습이 그랬다. 중앙역에 첫발을 내디딘 2019년 당시 안산은 신축과 역세권 구축을 필두로 반등의 조짐이 보이고 있었다.

서울과 수도권의 부동산 상승 흐름이 안산에 영향을 준 것이다. 게다가 공급도 서서히 마무리되는 시점이어서 눈치 빠른 투자자들은 이곳을 매입하기 시작했을 것으로 보였다.

2005년을 경험했던 40~50대 이상의 경험이 풍부한 투자자들은 이 기회를 놓칠 리 없다. 나 역시 이 대열에 합류하려고 중앙역과 고잔역 일대를 몇 주간에 걸쳐 꼼꼼하게 임장한 후 투자를 진행해갔다.

대장 옆에 부대장

어디가 불꽃의 시작인가. 그 지역의 시세를 리딩하는 곳은 어디인가. 지역을 분석할 때 맨 먼저 해야 하는 질문이다. 타깃으로 정한 지역 내에서 1등 단지를 확인하고 그 단지가 왜 1등이 될 수밖에 없는지 이유를 찾는 것이다.

당신은 하나의 대도시 1등 단지를 살 수 있는 시드머니가 충분한가.

사회 초년생이라면? 평범한 직장인이라면? 수도권의 1등 단지는 기본으로 평당 3,000만 원이 넘어가는 것을 고려했을 때 평범한 직장인이 레버리지를 최대한 활용하더라도 매입할 만한 자금 여력이 없을 것이다. 그렇다면? 이때는 보유한 시드머니에서 구매할 수 있는 최선의 선택을 하는 것이다.

가장 우수하고 가장 매력적인 부동산을 반드시 매수할 필요는 없다. 본격적인 상승기가 도래하면 1등을 필두로 주변도 영향을 받는다. 1등이 치고 나가면 과감하게 1등을 포기하고 대신 일대의 저렴한 단지를 빠르게 찾아야 한다. 나 역시 시세를 리딩하는 1등은 과감하게 포기하고 옆의 2등 단지를 집중 공략했다. 결과적으로 내 판단은 성공이었다.

투자 총평

내가 매수한 L아파트의 투자금 절반은 대출을, 나머지 절반은 저축으로 충당했다. 2017년 첫 아파트 투자를 실패하고 나

【그림4-4】 경기도 안산시 고잔동 북부

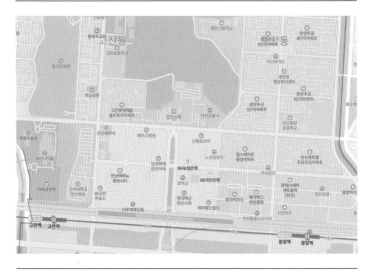

자료: 네이버지도

서 약 2년이라는 시간을 충분히 두었다. 이 시기에 시장의 흐름을 꾸준히 분석하고 부동산 투자 공부를 한 덕분에 결정적인 순간에 과감하면서도 빠른 결정을 할 수 있었다.

그 결과 1년 차 신축 아파트를 분양가에 가까운 가격에 얻을 수 있었다. 이 아파트의 최초 분양가는 확장비를 포함해 3억 원 초반이다. 2019년 매수 후 매수가를 전세로 새롭게 세팅해서 투자금 전액을 회수했다. 이곳은 앞으로도 상승 여력이 존재할 것으로 보이며 불황이 왔을 때 최소한 매입가 이하로 떨어질 가능성은 없다고 본다.

나는 오늘도 부동산에서 자유를 산다

【표4-3】투자 결과

단위: 만 원

구분	내용		구분	내용
연도	2019		연도	2021
매수가	34,000	⇨	매도가	60,000
전세가	22,000		전세가	34,000
투자금	12,000		시세차익	26,000

*취득세·중개비 등 제외

　매수 후 얼마 지나지 않아서 전세를 3.4억 원에 새롭게 세팅했더니 현재 수익률은 무한대다. 내가 투입한 자본은 0원으로 딱히 매도할 이유가 없다. 앞으로도 보유할 예정이다.

남들이 관심 없는 물건의 숨은 가치를 찾다
군포시 G아파트

●
○
○
○

나는 이렇게 매수했다

　신혼을 1기 신도시인 산본에서 보내는 과정에 G아파트를 알게 되었다. 2019년 12월에 완공된 신축으로 세대수는 200세대가 조금 넘는다. 세대수가 크지 않아 일단 대단지 프리미엄은 없었다.

　G아파트는 초등학교를 품은 1호선 당정역 역세권 아파트로 학군도 우수했다. 공급 면적은 21평임에도 전용 면적은 53m^2로 일반적으로 알고 있는 24평의 전용 면적 59m^2보다 고작 5m^2 작

[그림4-5] 경기도 군포시 당동

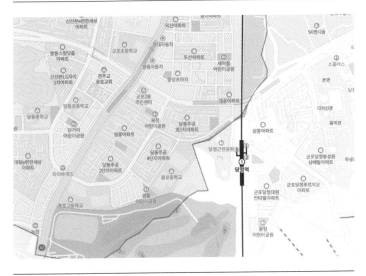

자료: 네이버지도

다. 24평보다 1.7평 작은 수준에 불과했다.

나는 이 사실을 알고 나서 실매물을 임장한 후 체감 평수를 다시 확인했다. 예상대로 면적과 구조가 나쁘지 않았다. 해당 지역의 유일한 신축 아파트로 장기적으로 봐도 신축 프리미엄이 유지될 것으로 보였다.

처음 매물을 확인한 후 밤새 입지를 분석한 후 그다음 날 오전에 해당 매물을 눈으로 직접 확인했고 바로 계약금을 넣었다. 확인하고 나서 가계약금 입금까지 단 2일밖에 걸리지 않은 것이다.

사기 매물 아닌가요?

"사기 매물 아닌가요?" 나중에 잔금을 지급한 후 부동산중개소 소장이 한 말이다. 입주민으로부터 사기 매물이 아니냐는 연락을 여러 차례 받았다고 한다. 그만큼 가격 메리트가 있었다.

내가 어떻게 하루 만에 결정하고 계약금을 넣는 게 가능했을까? 이런 실행력은 꾸준한 매물 임장 덕분에 가능했다. 이 매물을 발견하기까지 퇴근 후 매일 1~2개 단지씩 집중적으로 임장을 하고 물건을 보았다. 그리고 나서 각 단지의 특성을 정리하고 비교한 결과 가능한 결정이었다. 준비된 자만이 다가온 기회를 잡을 수 있다는 점을 기억해주기 바란다.

【그림4-6】은 실제로 단지를 분석할 때 사용하던 자료다. 하

【그림4-6】 경기도 군포시 산본동 아파트 단지 분석 실제 자료

나는 오늘도 부동산에서 자유를 산다

나씩 직접 발로 밟고 눈으로 보며 장단점을 파악하고 표시하며 각 단지의 차이를 분석해보았다. 이런 작업은 시간이 꽤 걸리는 작업이지만 점차 익숙해지면 별도의 자료 작업 없이 임장으로도 비교 분석이 가능해진다.

투자 총평

군포의 G아파트는 전액 신용대출로 매입했다. 내 종잣돈은 쓰지 않았다. 이 아파트 매입 시 나는 강한 확신이 있었다. 최악까지 고려해도 더 빠질 것이 없었던 물건으로 보여서 과감하게 투자금 전액을 대출을 통해 충당했다. 매입 당시 지인에게 이야기했을 때 본인은 매수하지 못한다고 했다. 소형 세대에 대한 선입견이 있는 까닭이다.

역세권은 맞지만, 초역세권은 아니라서 걱정되었을 것이고 초기 입주장에서도 가격 상승이 없었으니 더욱 진입이 쉽지 않았을 것이다. 그러나 나는 과감한 결정으로 투자를 했고 현재까지 약 2억 원의 시세차익을 확보했다.

앞으로도 추가 상승 여력이 존재하는 아파트로 보인다. 불과 2년 된 신축 아파트지만 자본주의가 멈추지 않는 한 새것에 대한 가치는 꾸준히 우상향할 것이라고 보기 때문이다. 투자금을

【표4-4】 투자 결과

단위: 만 원

구분	내용		구분	내용
연도	2019		연도	2021
매수가	30,000	⇨	매도가	50,000
전세가	22,000		전세가	35,000
투자금	8,000		시세차익	20,000

*실제 투자금: 0원(전액 대출)
*취득세·중개비 등 제외

회수했고 전세가는 매매가를 넘어선 상황이므로 투자 리스크
는 한층 더 낮아졌다.

　모든 투자에는 항상 리스크가 따라온다. 리스크의 이면에는
사람들의 공포가 담겨 있다. 투자자는 이 공포를 이겨야 성공적
인 투자를 할 수 있고 그에 따른 결과도 성취할 수 있다.

나는 오늘도 부동산에서 자유를 산다

향후 좋아질 아파트를 매수하다
안산시 G아파트

나는 이렇게 매수했다

투자를 꾸준히 진행하면서 그동안 방 3개, 화장실 1개로 구성된 소형 평수 위주로 매수를 진행했다. 그 과정에서 전세를 빠르게 다시 세팅했더니 현금 흐름의 여유가 생기고 6번째 투자를 하기로 마음먹게 되었다.

이 현금 흐름이란 꼭 현금을 쥐고 있는 것을 말하는 것은 아니다. 빚이 없는 상태에서 끌어 쓸 수 있는 대출이 가능한 것도 현금 흐름을 가지고 있다고 볼 수 있다.

【그림4-7】 경기도 안산시 고잔동 남부

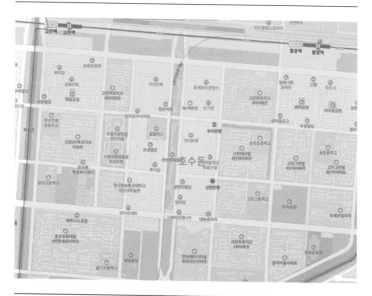

자료: 네이버지도

　2020년 하반기 실제 투자할 당시의 시장 분위기를 한 줄로 표현하면 '이제 끝물 아닌가'였다. 준수한 실적들을 연이어 만들었음에도 가족은 이제는 쉽지 않다며 거듭 투자를 말렸다. 가족이 말렸던 가장 큰 이유는 같은 지역에서 1년 전에 투자한 경험이 있고 내가 투자한 아파트를 포함해 주변 아파트도 올랐다는 논리였다.

　틀린 말은 아니었다. 한 차례 가격이 상승했고 주변 아파트는 평균 1억 원가량 상승했다. 비록 통장에 보유한 현금은 300만 원밖에 없었지만 내 뜻대로 실행에 옮겼다.

나는 오늘도 부동산에서 자유를 산다

역시 교통 입지

영구 교통 호재를 보고 G아파트에 투자했다. 실제로 역이 들어서면 집에서 5분 안에 역까지 갈 수 있다. 투자할 당시 투자금 전액을 대출을 통해 충당했다. 현금 흐름 시스템을 완성하고 빠르게 투자금을 회수함으로써 가능한 투자였다.

빠르면 2025년에 신안산선이 개통된 후 나는 이 집에 거주할 생각도 있다. 현재 전세로 거주하는 사람이 있는데 전세금을 돌려줄 돈도 준비해놓은 상태다. 2022년에 입주하게 되어도 대출 없이 100% 내 돈으로 마련이 가능하다. 대출이 1원도 없으니 금리 영향조차 없다. 금리가 10% 올라도 망하지 않는 투자가 이런 것이다.

투자 총평

대출을 이용한 투자 방법은 상승장에서는 여전히 유용하다. 단, 해당 지역의 가치가 확실하게 오를 것이라는 인사이트가 있어야 한다. 그런 인사이트는 꾸준한 노력을 통해 만들어지고 경험이 쌓여서 더욱 단단하게 된다. 하루아침에 생기는 인사이트가 아니다. 여러 번의 시행착오를 거듭한 끝에 만들어진다. 해

【표4-5】투자 결과

단위: 만 원

구분	내용		구분	내용
연도	2020	⇨	연도	2021
매수가	38,000		매도가	65,000
전세가	28,000		전세가	45,000
투자금	10,000		시세차익	27,000

*실제 투자금: 0원(전액 대출)
*취득세·중개비 등 제외

당 단지는 2018년에서 2019년 사이에 한 차례 급상승이 있었지만 나는 과감하게 매수를 결정했다.

사람은 크게 2가지 부류가 있다. 과거에 집착하는 사람과 현재를 인정하고 받아들이며 그 안에서 해결책을 찾는 사람. 나는 철저하게 후자다. 현재의 가격을 인정하고 그 안에서 해결책을 찾는다.

신안산선은 신분당선 같은 영구 교통 호재다. 그럼에도 사람들은 여전히 이곳에 편견이 가득했다. 당시 악질 범죄자가 출소하는 시기여서 더 그랬을 것이다. 그 편견 속에서 나는 기회를 발견하고 실행에 빠르게 옮겼다.

지금은 그 편견들이 새로운 희망으로 바뀌고 있다. 부동산을 바라보는 지역 주민들의 분위기 역시 반전되었다. 앞으로도 숨 쉬는 한 이런 투자는 계속될 것이다.

나는 오늘도 부동산에서 자유를 산다

너우리의 투자일기

나는 부동산 투자로 경험 쌓는 것을 선택했고 시작할 당시의 이 선택에 대해 지금도 후회가 없다. 단순히 투자를 통해 돈을 벌 목적이 아닌 투자는 나를 성장시키는 하나의 도구로 보아서다. 이제는 자신 있게 말할 수 있다. "부동산 투자를 통해 나의 진짜 새로운 인생이 시작되었다."

PART

05

부동산 투자의 승률을
높이는 빅데이터 활용법

Chapter 1

빅데이터로 보는
부동산 인사이트

전세가율로 보는
투자 기회

전세가율이 높다는 건 달리 해석하면 임차인의 비율이 높다는 의미다. 매매가격에 전세가격이 근접한 곳으로 투자금이 적게 드는 곳이다.

전세가율이 높은 지역과 아파트를 찾기 전에 해당 지역의 전세가율이 왜 높은지, 왜 낮은지 그 지역 사람들의 일반적인 심리를 짚고 넘어가 보자.

사람들이 매매가 아닌 전세를 택하는 가장 큰 이유는 집을 살 수 없거나 집을 살 이유를 느끼지 못해서다. 반면 전세가 아닌 매매를 택하는 가장 큰 이유는 가격이 계속 오르면서 영영

[표5-1] 전세가율로 보는 임차인과 투자자 생각

구분	임차인의 생각	투자자(+집주인)의 생각
전세가율이 높은 지역	• 깡통 전세 위험성이 높아진다 • 주변에 집값 안 오른다는 소문이 들린다 • 언제든지 매수 가능(즉, 매수할 이유를 느끼지 못한다)	• 투자금이 적게 들어간다 • 원금 회수가 빠르다 • 매도가 어려울 수 있다
전세가율이 낮은 지역	• 매매가 대비 저렴한 전세가로 거주 가능 • 집값이 너무 비싸다고 생각한다	• 투자금이 많이 들어간다 • 고평가 가능성 존재 • 임차인에게 돌려줄 돈이 적다

사지 못할 것이라는 두려움과 가족과 자녀의 거주 안정성을 확보하기 위함이다.

크게 이 2가지 심리가 복합적으로 작용하면서 가격에 영향을 주게 된다. 공급이 일정하다는 가정하에 다수의 임차인이 임대인이 되기로 하는 순간 가격이 오르는 건 당연한 현상이라고 볼 수 있다.

【그림5-1】은 2012년 1월부터 2021년 4월까지의 평균 전세가율 변화 모습이다. 2018년에 가장 높은 전세가율을 기록한 후 하락 국면에 접어드는 모습이다.

그렇다면 전세가율이 높은 지역과 낮은 지역 중 어디에 투자해야 할까?

유사한 입지 조건의 지역에서 전세가율이 높고 낮음의 차이만 있다면 투자자는 반드시 전세가가 높은 지역과 단지들을 봐야 한다. 이유는 다음과 같다.

나는 오늘도 부동산에서 자유를 산다

[그림5-1] 2012~2021년 전국 전세가율 변화

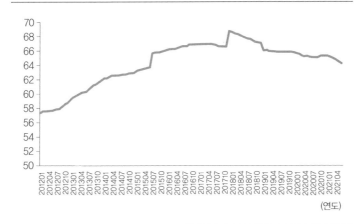

(연도)

자료: 한국부동산원

(1) 사람들의 심리를 고려하면 전세가율이 높은 지역과 단지는 매수보다 전세를 희망하는 사람들이 많다. 집값이 오르는 필수 조건 1번째가 사람들이 집을 사주는 것이다. 반면 전세가가 오르는 필수 조건은 전세를 거주하려는 사람들이 많을 때 발생할 수밖에 없다.

매매가와 전세가 모두 수요에 의해 가격이 변동한다. 전세가율이 높다는 건 전세가가 매매가 근처에 붙어 있는 상태로 즉, 매매가가 높지 않다는 의미로 해석될 수 있다. 물론 투자자는 반드시 매매가가 높지 않은 물건을 매수해야 한다. 지역에 따라 부동산 가격의 편차는 다르지만, 절댓값이 저렴할수록 매력적인 물건이 되는 것은 당연지사다.

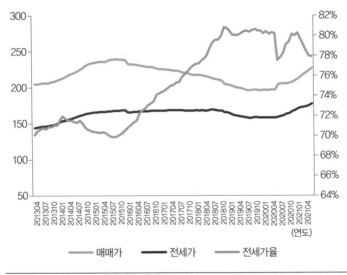

자료: KB부동산

　(2) 전세가율이 높은 지역, 아파트가 저평가된 곳이다. 저평
가의 기준이 무엇인가. 가격이 입지 대비해 저렴한 것을 저평가
라 한다. 단순히 가격만 저렴한 건 저가치 물건이지 저평가 물
건이 아니다.

　전세가율이 높다는 의미는 사람들이 매수보다 전세를 살 확
률이 높다는 의미로 해석되고 매매보다 전세를 택하므로 매매
수요가 줄어든 게 된다.

　매매 수요가 줄어든다는 의미는 부동산 가격이 오를 가능성
이 적은 것으로 해석되며 전세가율이 꾸준히 상승하는 지역의

아파트는 매매가격의 큰 변동이 없거나 하락하는 양상을 보이기도 한다.

【그림5-2】는 전세가율이 오르면서 매매가는 떨어지는 모습을 보인 충청북도 청주시의 흐름이다. 통계를 보면 알 수 있듯이 전세가율이 오르면서 매매가는 하락하는 모습을 보였다가 최근에 다시 반등한 모습이다.

전세가율이 오른다고 해서 매매가가 반드시 떨어진다는 공식은 없다. 다만 전세가 또는 전세가율이 오르내림에 따라 매매가에 영향을 주는 것은 분명하다.

그래서 부동산 투자자라면 (1) 전세가율이 높은 물건 또는 (2) 앞으로 전세가가 오를 물건에 관심을 더 기울여야 한다. 투자금 대비 수익률을 높이는 알짜 물건이 될 수 있고 투자금을 빠르게 회수함으로써 또 다른 투자 기회를 얻을 수 있으니 말이다.

전세가율이 높은 지역을 선별하는 방법

① 네이버에서 'KB부동산' 검색 → '리브부동산 by KB국민은행' 클릭
② 'KB통계' 클릭
③ 통계/리포트 '월간 KB주택가격동향' → 시계열 엑셀 파일 다운로드
④ 지역별 평균 매매가·전세가 확인
⑤ 평균 전세가율 계산 후 전세가율 높은 지역 선별

전세가율이 높은 것의 치명적인 리스크는 그 지역과 아파트의 매수 가치가 없을지 모른다는 점에 주의해야 한다. 지금 이 순간에도 경험이 풍부한 투자자들이 매의 눈으로 전국을 돌아보고 있을 것이다. 그들이 선택하지 않았다면 분명히 이유가 있을지 모른다.

그러니 단순히 전세가율만 보고 투자하지 말자. 입지가 좋으면서 상대적으로 전세가율이 높은 곳을 선별해야 한다는 얘기다. 그런 곳은 당장 오르지 않더라도 전세가가 점점 더 상승하거나 공급이 부족해지면 반드시 좋은 결과를 맺을 것이다.

원금 회수를 얼마나 빠르게 하느냐가 투자에서 중요한 비중을 차지한다. 빠른 원금 회수는 또 다른 투자 기회로 이어질 수 있고 경제적 자유로 향하는 여러분의 투자 시간을 단축시켜주기 때문이다. 매매가·전세가를 구분하지 말고 매매가도 합리적이면서 전세가도 상대적으로 높은 물건을 찾는다면 그 투자는 성공으로 이어질 확률이 매우 높다.

소비자물가지수와 가격지수로
보는 저평가 지역 판별법

소비자물가지수란 소비자가 구매하는 상품과 서비스의 가격 변동을 측정하기 위한 지표를 말한다. 한마디로 국민이 소비생활에 필요한 상품·서비스를 위해 지불하는 가격 변동을 수치로 표현한 것이다.

그렇다면 생각해보자. 아파트는 시멘트·목재·철강 등의 원자재와 장비 등을 이용해서 짓는다. 즉, 아파트를 짓는 구성요소는 또 하나의 거대한 소비자인 기업이 매입하고 이를 소비자인 우리가 다시 매입한다. 아파트도 하나의 상품인 셈이다. 다만 소비재보다 필수재에 가까운 상품이라는 점이 물건과 다르

【그림5-3】소비자물가지수

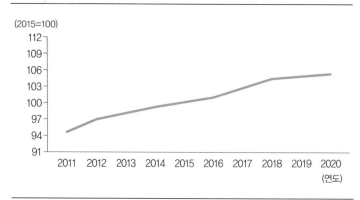

(2015=100)

자료: 통계청

다. 따라서 쓰나미급 공급 폭탄이 일어나지 않는 한 아파트의
상승률도 물건의 물가 상승률을 따라가야 하는 것이 정상이다.
물건도 공급이 과다하면 가격이 내려가지 않던가.

코로나19 마스크 대란을 예시로 들어볼 수 있다. 마스크 수
요가 급증하면서 가격이 순식간에 폭등했고 그 후에 다시 공
급이 안정세를 찾으면서 마스크 가격은 하락했다. 아니 원래의
가격을 찾았다는 표현이 맞겠다. 지금은 200원에도 구매할 수
있지만 불과 1년 전에는 2,000원이 넘었다는 사실을 우리는 기
억하고 있다. 공급과 수요의 법칙에 따라 가격이 빠르게 변동했
던 대표 사례라고 볼 수 있다.

【그림5-3】은 2020년 통계청이 발표한 소비자물가지수 자료
다. 10년간 물가가 우상향했다는 것을 알 수 있다. 어떤 사람들

[그림5-4] 전국 매매가격지수

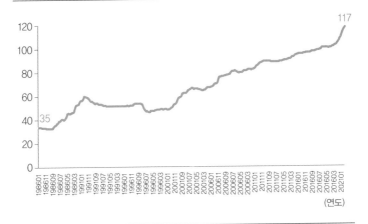

자료: KB부동산

은 아파트 가격이 고평가라고 하지만 잠깐의 버블이 있을 수는 있어도 장기적으로 물가 상승률에 수렴해야 하는 것이 정상이다. 이를 부정하는 것은 소비자물가지수를 부정하는 것과 같다. 데이터는 거짓말을 하지 않는다.

【그림5-4】는 KB부동산 시세를 통해 확인한 1986년 1월부터 2021년 6월까지 전국 매매가격지수다. 중간에 하락하는 시기가 있었으나 2001년부터 2021년까지 꾸준히 우상향한 것을 확인할 수 있다.

【그림5-5】는 전국 매매가격지수와 소비자물가지수를 비교한 자료다. 이 2개의 지표는 꾸준히 상승하는 모습을 보인다. 인플레이션이 멈추지 않는 한 이 그래프는 계속 우상향을 보여줄

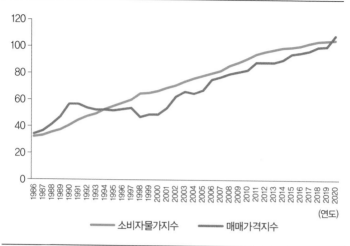

【그림5-5】전국 매매가격지수와 소비자물가지수 비교

소비자물가지수 ——— 매매가격지수

(연도)

자료: KB부동산, 통계청

것이다.

이번에는 전국 매매가격지수가 아닌 6대 광역시의 매매가격
지수와 소비자물가지수를 비교해보자. 【그림5-6】을 보면 조금
특이한 점을 발견할 수 있을 것이다.

(1) 매매가격지수 대비 광역시별 차이를 보이고 있으며 (2) 이
런 차이가 발생하는 시기가 다름을 알 수 있다. (3) 소비자물가
지수와 비교해보았을 때, 전체적인 흐름은 비슷하나 광역시마
다 차이가 존재함을 확인할 수 있다.

이 데이터를 활용한다면 소비자물가지수 대비 매매가격지수
가 낮은 지역 즉, 매매가가 저평가된 지역임을 확인할 수 있다.

나는 오늘도 부동산에서 자유를 산다

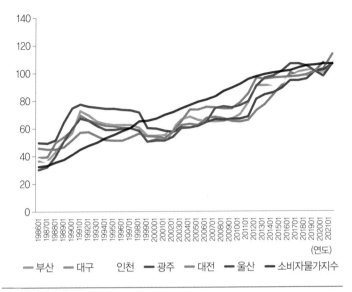

자료: KB부동산, 통계청

매매가격지수가 낮다고 해서 저평가라고 단언할 수 없으나 적
어도 해당 지역의 전반적인 매매가가 저렴함을 확인할 수 있다.
다른 지역보다 저렴하다는 사실은 투자자 입장에서 호기심을
유발하기에 충분하다.

　예를 들어보자. 【그림5-7】은 2015년 1월부터 2021년 1월까
지 6년간 대전광역시와 울산광역시의 매매가격지수와 소비자
물가지수를 비교한 자료다. 2020년 1월 울산은 확실한 저평가
의 모습을 보였다. 2020년에는 매매가격지수도 대전광역시와
10 이상 차이가 발생하는 모습을 보였다. 2020년 1월에 이 지

[그림5-7] 대전과 울산의 매매가격지수와 소비자물가지수 비교

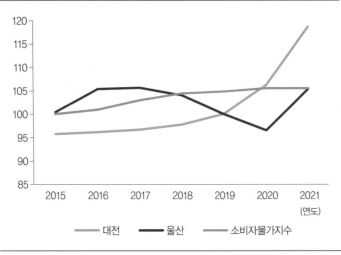

자료: KB부동산, 통계청

수를 보고 울산에 투자한 사람은 좋은 결과를 얻었을 것이다.

　이러한 빅데이터는 현장과 갭이 존재한다. 실제로 나는 2019년 9월경 울산광역시로 임장을 떠났고 10월에서 11월로 넘어가자 일부 지역에서 바닥을 치고 반등하기 시작했다. 2020년 상반기에 들어서면 지수도 확연한 차이를 보인다.

　2020년 상반기가 늦은 타이밍일까? 그렇지 않다. 지수를 보고 투자해도 늦지 않다. 당신이 초보이고 흐름을 아직 이해하지 못하는 단계라면 이 지수만 보고도 충분히 투자 힌트를 얻을 수 있는 점을 기억해주기 바란다.

　【표5-2】는 2021년 6월 기준 광역시를 제외한 인구 50만 이

[표5-2] 2021년 6월 기준 인구 50만 이상 도시

순위	도	시	총인구수(명)
1	경기도	수원시	1,184,210
2	경기도	고양시	1,080,507
3	경기도	용인시	1,077,826
4	경상남도	창원시	1,034,527
5	경기도	성남시	931,654
6	경기도	화성시	870,361
7	충청북도	청주시	847,392
8	경기도	부천시	810,742
9	경기도	남양주시	724,183
10	충청남도	천안시	657,503
11	전라북도	전주시	657,428
12	경기도	안산시	655,115
13	경기도	안양시	549,903
14	경기도	평택시	549,901
15	경상남도	김해시	539,841
16	경기도	시흥시	511,314
17	경상북도	포항시	503,634

자료: 통계청

상 도시다. 이 도시 중에서 매매가격지수가 가장 낮은 곳은 어디일까?

【그림5-8】은 전국에서 50만 이상 인구를 보유한 주요 도시의 매매가격지수를 비교한 자료다. 충청권에서는 청주시, 경상권에서는 창원시, 전라권에서는 전주시가 수치가 가장 낮다.

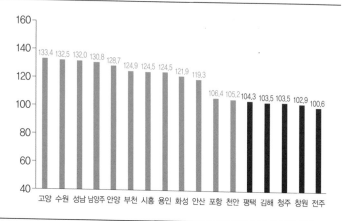

【그림5-8】 2021년 6월 기준 전국 인구 50만 이상 대도시 매매가격지수 비교

자료: 통계청

　이번 주말을 이용해 잠시 가까운 곳에 임장을 다녀와 보는 건 어떨까? 이처럼 데이터 비교를 통해서 전국의 흐름을 한눈에 볼 수 있는 것만으로도 투자의 강력한 무기가 될 것이다.

아파트 주간 매매증감으로 매수 타이밍 잡기

부동산은 다른 재테크 상품보다 단가가 높고 투자금액 단위 또한 최소 몇천 단위로 큰 편이다. 그래서 1%만 올라도 적게 오르는 것이 아니다. 예를 들어 5억 원짜리 아파트가 1% 올랐다면 무려 500만 원이 오른 것과 같다. 이게 누적되어 총 10% 오르면 5,000만 원이 오르게 된다.

KB부동산은 매주 지역별 매매가격증감률 통계를 발표하고 있다. 이 자료는 전주에 대비해서 0.20%, 0.40%, 0.60%, 0.80% 이상 상승하면 구간별로 음영을 처리한다. 상승률이 높을수록 붉은색을 띠게 된다.

【표5-3】 서울·수도권·6대 광역시 매매증감률 추이

구분 Classification	전국 Total	서울 Seoul	수도권 Seoul Metropolitan Area	부산 Busan	대구 Daegu	인천 Incheon	광주 Gwangju	대전 Daejeon	울산 Ulsan
2021.1.4	0.34	0.39	0.42	0.34	0.26	0.22	0.22	0.16	0.41
2021.1.11	0.41	0.38	0.51	0.32	0.41	0.24	0.36	0.41	0.30
2021.1.18	0.40	0.39	0.53	0.36	0.32	0.31	0.18	0.42	0.30
2021.1.25	0.39	0.38	0.48	0.43	0.31	0.23	0.21	0.41	0.42
2021.2.1	0.46	0.40	0.59	0.38	0.43	0.41	0.27	0.83	0.21
2021.2.8	(설연휴로 미조사)								
2021.2.15	0.51	0.42	0.69	0.39	0.32	0.57	0.24	0.42	0.37
2021.2.22	0.48	0.38	0.65	0.25	0.49	0.57	0.22	0.63	0.33
2021.3.1	0.46	0.34	0.64	0.17	0.38	0.73	0.13	0.70	0.28
2021.3.8	0.40	0.32	0.55	0.25	0.20	0.63	0.19	0.49	0.33
2021.3.15	0.38	0.28	0.53	0.35	0.20	0.74	0.17	0.18	0.26
2021.3.22	0.40	0.24	0.51	0.37	0.32	0.82	0.21	0.36	0.23
2021.3.29	0.38	0.20	0.49	0.19	0.34	0.78	0.23	0.19	0.25
2021.4.5	0.36	0.28	0.47	0.26	0.24	0.64	0.23	0.25	0.10
2021.4.12	0.29	0.22	0.38	0.19	0.16	0.59	0.16	0.13	0.20
2021.4.19	0.33	0.22	0.41	0.29	0.31	0.67	0.14	0.20	0.19
2021.4.26	0.32	0.28	0.39	0.40	0.27	0.53	0.16	0.23	0.10
2021.5.3	0.28	0.23	0.33	0.25	0.27	0.50	0.18	0.26	0.15
2021.5.10	0.32	0.28	0.40	0.30	0.23	0.62	0.16	0.39	0.14
2021.5.17	0.28	0.22	0.36	0.24	0.24	0.62	0.19	0.22	0.16
2021.5.24	0.39	0.35	0.49	0.45	0.21	0.81	0.18	0.35	0.20
2021.5.31	0.38	0.37	0.51	0.40	0.28	0.77	0.20	0.20	0.12
2021.6.7	0.42	0.38	0.54	0.37	0.19	0.76	0.25	0.51	0.08
2021.6.14	0.39	0.33	0.50	0.39	0.12	0.62	0.26	0.39	0.27
2021.6.21	0.36	0.34	0.46	0.38	0.13	0.60	0.17	0.32	0.11
2021.6.28	0.42	0.40	0.53	0.44	0.12	0.78	0.22	0.53	0.24
2021.7.5	0.35	0.27	0.44	0.40	0.17	0.54	0.16	0.38	0.14
2021.7.12	0.38	0.27	0.48	0.43	0.19	0.55	0.17	0.40	0.11

자료: KB부동산

나는 오늘도 부동산에서 자유를 산다

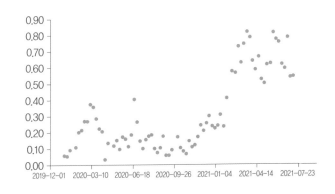

자료: KB부동산

　【표5-3】은 2021년 1월 4일부터 7월 12일까지의 서울·수도 권·6대 광역시의 주간 매매증감률이다. 서울은 7월 12일 기준 전주 대비 0.27%, 수도권은 0.48% 상승을 보여주었다. 7월 기준 으로 상승 강도가 수도권이 좀 더 높은 것을 알 수 있다. 이 데 이터를 통해서 우리는 지역별 매매 상승 강도를 확인할 수 있 고 나아가 상승 초입 구간을 예측해볼 수 있다.

　【그림5-9】에서와 같이 인천은 2021년 상반기에 들어오면 급 격하게 매매가격이 증감되고 있음을 확인할 수 있다. 실제로 이 시기에 인천의 주요 역세권 신축과 구축 아파트 가격이 수도 권 도시 중에서도 저렴한 편이었다. 매력 있는 투자 지역이었다. 2021년 상반기부터 지금까지 인천은 여전히 매매증감의 강세

를 보이고 있다. 최근 연수구와 동구에서 매주 1%가 넘는 상승률을 보이는 만큼 시장이 매우 뜨겁다는 것을 엿볼 수 있다.

시장의 흐름을 이해하려면 매매증감 데이터를 꾸준히 확인해야 한다. 평소 큰 매매증감 변동이 없다가 전주 대비 0.40% 이상 튀는 구간이 발생한다면 반드시 그 지역을 유심히 봐야 한다. 부동산은 한 번 오르기 시작하면 계속 오르는 성향을 보이므로 이때가 투자 타이밍이 될 수 있다.

평소에 해당 지역의 임장을 하고 지역 입지 분석까지 끝난 상태라면 이 데이터 하나만으로 충분히 투자의 단서가 될 수 있다. 입지 분석 데이터와 통계 데이터를 결합함으로써 시너지 효과가 발생하게 되는 것이다.

단순히 통계만 보고 투자하기는 쉽지 않다. 따라서 사전에 입지 분석과 임장을 끝낸 상태에서 이 통계 데이터를 보면 효과는 배가 된다.

전주 대비 0.4% 이상 올랐다는 의미를 제대로 해석해보자. 예전보다 많은 사람이 적어도 두세 달 전에 매수했고 그 매수한 실적이 금주에 반영되었다는 의미이기도 하지만 부동산 특성상 두세 달 오르고 멈추는 일은 드문 현상이므로 상승을 확인한 후 시장에 진입해도 늦지 않다. 흔히 말하는 '무릎에 들어가는 타이밍'이라는 말이다.

이 매매가격증감률 자료는 무주택자가 내 집 마련을 하고자

할 때도 해당 지역의 증감률 트렌드를 확인함으로써 레벨 1(겨울)부터 레벨 5(가을) 구간 중 어느 구간에 시장에 진입하는지 감을 잡을 수 있다.

TIP

- 매매가격증감률이 전주 대비 0.40% 이상 오르는 구간을 주목하라.
- 2~3주 연속 상승한다면 그 지역을 유심히 볼 필요가 있다.

PIR지수 활용법

PIR(Price to Income Ratio)은 쉽게 말해 연소득 대비 집값이다. 예를 들어 연봉이 5,000만 원인 직장인이 5억 원짜리 집을 사면 PIR은 10이 된다. PIR이 높을수록 집값을 고평가로 보는 경향이 있고 PIR이 낮을수록 집값이 싸다고 보기도 한다. 그러나 어디까지나 '그렇게 보인다' 또는 '그런 것 같다'에 가까운 추정에 불과하며 PIR 기준으로 명확한 고평가와 저평가를 구분하기에는 부족한 부분이 있다.

【그림5-10】을 보자. 2019년 주소지 기준 각 지역 근로소득자의 평균 연봉이다. 세종시가 4,422만 원으로 1위, 울산시가

나는 오늘도 부동산에서 자유를 산다

【그림5-10】 2019년 전국 근로소득 연말정산 신고 현황

(단위: 만 원)

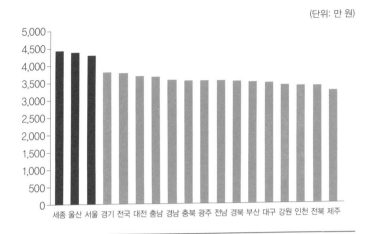

자료: 국세청

【그림5-11】 2019년 서울시 근로소득 연말정산 신고 현황

(단위: 만 원)

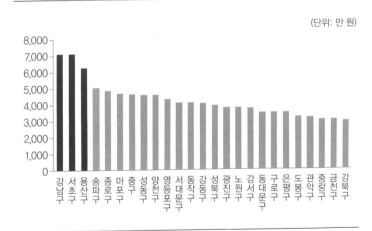

자료: 국세청

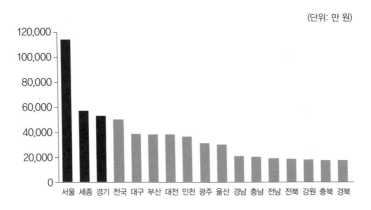

【그림5-12】 2021년 6월 기준 지역별 평균 아파트 매매가

(단위: 만 원)

자료: KB부동산

4,373만 원으로 2위, 서울시가 4,285만 원으로 3위를 차지한 것을 알 수 있다.

　【그림5-11】은 서울시 기준 근로소득자의 평균 연봉이다. 역시나 강남구가 7,120만 원으로 1위, 서초구가 7,118만 원으로 2위, 용산구가 6,270만 원으로 3위를 차지하고 있다.

　【그림5-12】는 지역별 평균 매매가다. 서울시가 11.4억 원으로 1위, 세종시가 5.7억 원으로 2위, 경기도가 5.3억 원으로 3위를 차지하고 있다. 이렇게 각 지역의 평균 연봉과 아파트 매매가를 확인했으니 이번에는 이 2가지 자료를 이용해서 PIR를 구해보자. PIR 구하는 공식은 아주 간단하다.

$$PIR = \frac{\text{평균 매매가}}{\text{평균 연봉}}$$

이 같은 방식으로 지역별 PIR을 계산하면【그림5-13】과 같은 결과가 나온다. PIR이 가장 높은 곳은 서울시, 그다음이 경기도다. 서울시는 전체 평균을 기준으로 계산한 까닭에 강남구나 서초구를 기준으로 한다면 PIR 수치는 더 낮아진다. 반면 PIR이 가장 낮은 지역은 충북과 경북이다.

【그림5-13】을 보면 PIR지수와 지역별 연봉 사이에 공통점을 찾을 수 없다. 울산은 전국 2위의 평균 연봉 지역이지만 PIR지

【그림5-13】 지역별 연봉 대비 PIR지수 비교

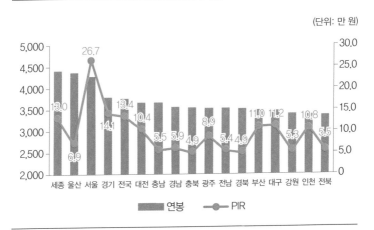

(단위: 만 원)

자료: KB부동산, 국세청

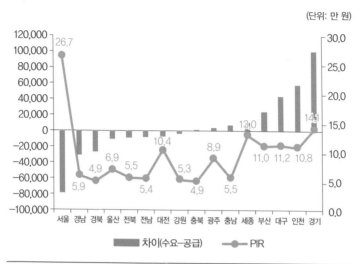

자료: KB부동산, 국세청

수는 연봉에 준하지 않는다. 반면 부산·대구 지역은 평균 연봉만 보면 하위권이지만 PIR지수는 11이 넘고 있다. 이를 통해 지역 근로자의 연봉이 높고 낮음이 집값에 결정적인 영향을 주지 않으며 부동산은 입지가 중요하다는 사실을 배울 수 있다.

이번에는 조금 다른 관점에서 PIR을 활용해보자. 도시별 PIR지수와 2020년부터 5년간 아파트 공급량을 비교해보았더니 【그림5-14】와 같은 결과를 확인할 수 있었다. 【그림5-14】를 통해서 PIR이 낮으면서 향후 공급량까지 부족한 지역으로 경남·경북·울산·전북 순으로 확인할 수 있었다. 경남·경북을 대표하는 도시로 부산·대구가 있으며 도시별로 다시 점검할 필요가 있다. 한편 울산시는 PIR도 낮으면서 공급량 또한 부족한 상황이다. 앞으로 울산시를 관심 있게 지켜보면 어떨까 싶다.

PIR지수만 놓고 보면 인사이트를 얻기 부족하나 PIR지수와 연동해 인구·공급·자가주택소유율 등을 결합하면 가능하다. 이 PIR지수 변화를 주기적으로 모니터링한다면 투자를 위한 다양한 인사이트를 얻을 수 있을 것이다.

그러면 여기서 질문! PIR이 낮다는 의미는 가격이 저렴하다는 의미일까? 그렇다. 다만 그 가격이 저평가인지 저가치인지는 해당 지역의 공급량·수요, 사람들의 매수 심리·호재 등을 종합 판단해야 한다. PIR만 놓고 가격이 싸다고 해서 매수한다면 소중한 당신의 종잣돈이 묶일 수 있다.

그러나 유독 PIR이 낮은 지역이 있다면 그 지역의 시세와 흐름을 트래킹하면서 지켜볼 가치는 있다. 아파트 가격이 평균 연봉 대비 매우 저렴하다는 것은 수요가 늘고 공급이 줄어든다면 언제든 가격 상승의 트리거 역할을 할 수 있기 때문이다.

오랜 기간 매매가의 큰 변동이 없는 지역이나 단지가 있다면 외부 수요가 진입한 흔적이 없을 가능성이 큰 곳이다. 타이밍만 잘 잡는다면 좋은 결과를 얻을 수 있다. 투자자라면 어느 한 지역에 국한하지 말고 거시적인 관점에서 수도권과 지방 도시를 동시에 봐야 한다. 지방에도 기회는 꼭 존재한다.

PIR지수 활용법

- 최소 인구 20만 이상 도시 중에서 PIR 가격이 낮은 지역을 선별하라.
- 해당 지역이 왜 PIR이 낮은지 원인을 파악하라.
- PIR이 낮은 도시의 향후 인구가 증가할 만한 호재를 파악하라.
- 향후 공급량이 지속적으로 감소하는 지역이면서 전세가율도 준수하다면 투자 기회가 존재한다고 볼 수 있다.

나는 오늘도 부동산에서 자유를 산다

아파트 공급량으로
투자 지역 선정하기

국토교통부 제2차 장기(2013~2022) 주택종합계획 추진계획에 의하면, 매년 우리나라는 39만 호의 주택 공급이 필요하다. 이는 주택 수요를 고려한 적정 공급량이다. 그런데 이 주택 공급량이 아파트일까, 주택일까? 한 번 확인해보자.

【그림5-16】은 국토교통부에서 발표한 연간 주택 인허가 실적이다. 전체 주택 공급 비율 중 아파트 인허가 비율은 약 70% 수준인 것을 확인할 수 있다. 이를 토대로 매년 전국에 필요한 적정 아파트 공급량은 39만 호의 70% 수준인 27.3만 호라는 결론이 나온다. 이 27.3만 호를 우리나라 인구인 약 5,000만 명

【그림5-15】 국토교통부 제2차 장기(2013~2022) 주택종합계획(요약)

【1】 수요에 맞는 주택 및 택지공급계획 수립

(1) 주택시장 여건변화를 고려, 주택수요에 맞게 연평균 **39만호** 공급

- o 1차('03 ~ '12) 계획에서는 주택가격 안정, 주택보급률 조기 상향 등을 위해 주택수요(연 44만호)를 상회하는 공급계획(연 50만호)을 수립

- o 시장여건 변화를 고려하여 주택보급률 제고나 경기부양 등을 위한 인위적인 공급확대는 지양하고 수급불일치 문제 최소화에 중점

연 도	1990년대	2003 ~ 2012년	2013년 ~ 2022년
주택공급계획(연평균)	52만호	48만호	39만호

- - 지역별로는 수도권 연 **22만호**, 비수도권 연 **17만호** 내외 공급

- o 주택수요의 변동구간 **±5.8만호**(수도권 ±3.2만)를 감안하여 **연차별** 주택공급계획은 계획 당시 주택시장 상황에 맞춰 **유연하게** 수립

자료: 국토교통부

【그림5-16】 매년 전국 주택 인허가 실적 중 아파트 공급 비율

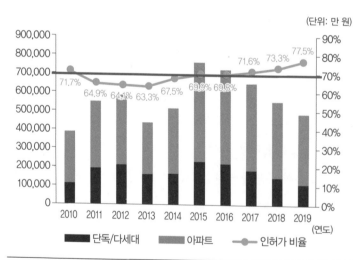

자료: 국토교통부

[표5-4] 경기도 김포시 수요 대비 아파트 공급량

단위: 세대

시점	연도	수요	공급	차이
과거 5년	2016	1,945	4,304	2,359
	2017	2,050	12,206	10,156
	2018	2,175	15,765	13,590
	2019	2,213	768	−1,445
	2020	2,399	16,985	14,586
현재	2021	2,452	3,384	932
향후 3년	2022	2,468	1,690	−778
	2023	2,484	1,380	−1,104
	2024	2,498	0	−2,498
누계		20,684	56,482	35,798

자료: 부동산지인

으로 나누면 0.55%가 된다. 즉, 적어도 도시별로 0.5% 수준만큼은 매년 신규 아파트가 공급되어야 한다는 얘기다. 이 아파트 수요 계산은 일반적으로 사용하는 부동산 기초에 해당하므로 반드시 숙지하고 있어야 한다.

【표5-4】에서 경기도 김포시 사례로 총 9년 치 수요 대비 공급량을 확인해보았다. 이 데이터를 보면 예전에는 공급이 많았고 앞으로는 공급이 적은데, 누적으로 보면 공급과 수요 차이가 +35,798세대로 확인된다. 그러나 실제 현장은 2020년 대규모 공급이 마무리되면서 가파르게 상승했다.

이유는 무엇일까? (1) 인구 이동이다. 공급량이 증가한다는 의미는 신축이 증가한다는 의미고 신축 증가는 내외부 수요를 끌어당기는 효과가 있다. 이런 부분은 과거·현재·미래의 공급과 수요만으로는 설명할 수 없다. (2) 심리적 요소다. '앞으로 3년간 아파트 공급이 없다'라는 것에 대한 불안감이다. (3) 상대적 저평가다. 대체가 가능한 다른 지역 대비 가격이 저렴해서 낮은 가격은 급상승의 트리거 역할을 했다.

이처럼 적정 공급량을 검토했더라도 공급과 수요만으로 모든 것을 설명하기에는 여전히 부족하다. 공급과 수요를 먼저 확인하되 그 지역 사람들이 주로 어느 지역으로 전출하고, 어느 지역으로부터 전입하는지 확인해야 한다. 대체 공급이 가능하고 이동이 수월한 주변 인접 도시의 공급량도 반드시 같이 봐야 한다. Part 3·4의 모든 요소를 복합적으로 고려한 후 투자를 결정해야 당신의 투자 성공 확률을 높일 수 있다.

【표5-5】는 인구 50만 이상 도시의 향후 3년간 누적 수요 대비 공급량이다. 제주·창원·안산 순으로 공급량이 부족한 것을 알 수 있다. 지금까지 나의 실전 투자 기록과 노하우를 공개했다면 이제는 당신이 현장에 달려갈 차례다. 통계 데이터는 투자의 MSG 역할을 하는 것은 분명하다.

그러나 답은 언제나 현장에 있음을 잊지 말자. 많이 움직일수록 성공 확률은 점점 높아진다.

[표5-5] 2022~2024년 수요 대비 아파트 공급량

단위: 세대

도시명	총인구수(명)	수요량	공급량	차이
인천광역시	2,942,828	45,183	94,744	49,561
대구광역시	2,418,346	36,170	73,534	37,364
화성시	855,248	13,384	26,197	12,813
부산광역시	3,391,946	50,745	55,549	4,804
수원시	1,186,078	18,211	22,710	4,499
평택시	537,307	8,456	10,998	2,542
천안시	658,808	10,139	12,264	2,125
울산광역시	1,136,017	11,440	12,712	1,272
포항시	502,916	7,652	8,546	894
성남시	940,064	14,326	14,103	−223
광주광역시	1,450,062	21,874	21,210	−664
김해시	542,338	8,223	6,731	−1,492
청주시	844,993	12,999	11,457	−1,542
시흥시	500,895	7,862	6,288	−1,574
용인시	1,074,176	16,575	14,912	−1,663
안양시	550,027	8,456	4,902	−3,554
고양시	1,079,216	16,615	12,872	−3,743
대전광역시	1,463,882	22,218	16,435	−5,783
남양주시	713,321	11,137	4,752	−6,385
전주시	657,432	9,961	3,548	−6,413
부천시	818,383	12,467	5,608	−6,859
안산시	654,915	10,075	3,184	−6,891
창원시	1,036,738	15,759	6,275	−9,484
제주특별자치도	674,635	10,527	492	−10,035

자료: 통계청

아파트 공급량으로 투자 지역 선정하는 법

① 총 9년 치 누적 공급량이 부족한 지역 확인(지난 5년간 공급량+해당연도 공급량+향후 3년간)

② 향후 3년간 누적 공급량 부족한 지역 확인

③ ②의 기준으로 공급이 부족한 지역 1차 필터링(+① 누적 공급량까지 부족하면 금상첨화)

④ 필터링 후 선정된 지역의 주변 도시 수요 대비 공급량 파악(① ②와 동일한 방식으로)

⑤ 이를 통해 투자할 지역의 공급이 부족한 동시에 주변 지역까지 공급이 부족한 투자 지역 선별

나는 오늘도 부동산에서 자유를 산다

철로를 따라가면
돈이 보인다

2009년 4월 정부에서 GTX 신규 노선을 발표했다. 정부가 발표한 GTX는 수도권의 광역화로 주요 업무지구 대부분을 30분 이내에 돌파하는 교통 혁명이다.

발표 당시에는 계획 수준에 불과해 시세 상승 흐름을 보이지 않았지만, 2017년부터 2019년까지 3년간 정부는 GTX A·B·C 노선에 대한 예비타당성조사를 통과시킴으로써 시장은 반응하기 시작했다. 예비타당성조사란, 취업으로 따지면 최종 면접을 통과했다는 의미로 이해하면 된다. 특별한 일이 없다면 철로가 들어설 예정이며 착공을 준비하는 단계가 되는 것이다.

【그림5-17】 경기도 성남시 A아파트 실거래가

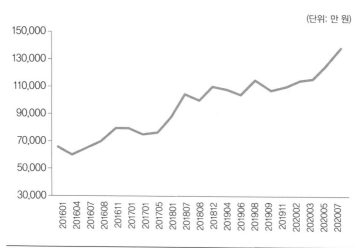

(단위: 만 원)

자료: 네이버부동산

【그림5-18】 경기도 하남시 M아파트 실거래가

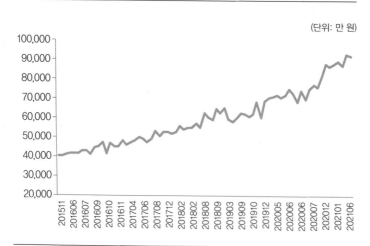

(단위: 만 원)

자료: 네이버부동산

나는 오늘도 부동산에서 자유를 산다

[그림5-19] 경기도 안산시 P아파트 실거래가

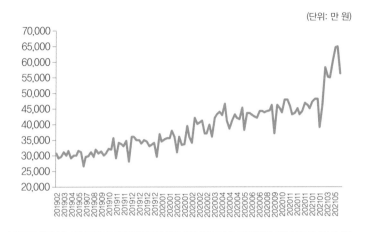

(단위: 만 원)

자료: 네이버부동산

【그림5-17】은 GTX 착공 발표 후 정차역이 들어설 경기도 성남시 인근 아파트 가격 추이다. 착공 이전이든 후이든 가격이 꾸준히 상승한 것을 확인할 수 있다. 그렇다면 앞으로 완공 후의 가격은 어떻게 되겠는가.

이번에는 완공된 지하철 5호선 사례를 보자. 미사역 근처의 아파트로 도보 이용 가능한 역세권 아파트다. 【그림5-18】과 같이 2020년 완공 전후에도 가격 상승 흐름이 꾸준하다.

【그림5-19】는 신안산선이 들어설 예정인 호수역 주변 P아파트의 매매가 흐름이다. 아직 완공은 되지 않았지만 2019년 착공 이후로 가격 상승이 꾸준한 것을 확인할 수 있었다. 이처럼

교통이 혁신되는 곳은 항상 가격 상승이 수반된다. 서울 접근성이 편리하면서 빠르게 주요 업무지구에 도착한다는 것만으로도 호재가 되고 사람들의 마음을 설레게 한다.

어디에 내 집 마련 또는 투자를 해야 하는가. 힌트를 주었듯이 예비타당성조사 통과 후 착공한 곳 또는 착공 후 건설 단계로 가까운 시일 내에 완공 예정인 곳을 지켜볼 필요가 있다.

그렇다면 이러한 교통계획 정보들은 어디서 확인이 가능할까? 정부는 매년 관련 사이트를 통해 자료들을 업데이트하고 있다. 남보다 발 빠른 교통 정보를 알고 싶다면 신문과 언론에 관심을 두는 동시에 이러한 사이트를 통해 정보를 얻으면 된다.

철도 관련 정보 얻는 법

① 국가철도공단(https://www.kr.or.kr/main.do) 접속
② 사업소개 → 철도건설 클릭
③ 철도 건설 사업계획 및 주요사업현황 확인

현재 수도권은 GTX 노선 말고도 월곶판교선, 동북선 등이 예비타당성조사를 통과하고 일부 착공되어서 건설을 진행하고 있다. 향후 이런 노선들과 인접되어 있으면서 인프라 또한 우수한 곳을 매수한다면 착공 후의 시세차익까지 노려볼 수 있다. 투자하는 데 교통망은 가격 상승의 호재임을 잊지 말자.

【그림5-20】 국가철도공단의 광역철도사업과 일반철도사업 내용

- 공사중인 사업 : 7개 사업 267.6km

노선명	사업구간	사업내용	연장(km)	총사업비(억원)
수인선	수원-인천	복선전철	52.8	20,074
신분당선	용산-강남	복선전철	7.8	16,470
진접선	당고개-진접지구	복선전철	14.9	14,676
수도권 광역급행철도	삼성-동탄	복선전철	39.5	19,408
신안산선	안산-여의도	복선전철	44.7	43,907
대구권 광역철도	구미-경산	기존선 개량	61.9	1,851
수도권 광역급행철도	파주-삼성	복선전철	46.0	35,505

- 설계중인 사업 : 2개 사업 110.2km

노선명	사업구간	사업내용	연장(km)	총사업비(억원)
충청권 광역철도(1단계)	계룡-신탄진	기존선 개량, 2복선화, 단선신설	35.4	2,307
수도권 광역급행철도	영주-수원	복선전철	74.8	43,858

- 공사중인 사업 : 22개 사업 1,361.5km

노선명	사업구간	사업내용	연장(km)	총사업비(억원)
경전선	보성-임성리	단선전철	82.5	16,115
동해선	포항-삼척	단선철도	166.3	34,087
중앙선	원주-제천	복선전철화	44.1	11,991
경전선	부전-마산	복선전철(BTL)	32.7	15,484
장항선	익산-대야	복선전철화	14.3	4,946
대구선	동대구-영천	복선전철화	38.6	7,633
평택선	포승-평택	단선철도	30.3	7,161
동해선	울산-포항	복선전철화	76.5	26,763
군산항선	대야-군장국가산업단지	단선철도	28.3	6,170
울산신항선	망양-울산신항	단선철도	9.3	2,232
동해선	부산-울산	복선전철화	65.7	28,362
서해선	송산-홍성	복선전철	90	40,947
중부내륙선	이천-문경	단선전철	93.2	24,867
장항선	신성-주포, 남포-간치	단선개량	32.4	8,830
경원선	동두천-연천	단선전철화	20.9	4,688
중앙선	도담-영천	복선전철화	145.1	41,152
서해선	대곡-소사	복선전철(BTL)	18.3	15,768
중앙선	영천-신경주	복선전철화	20.4	5,618
경의선	문산-도라산	단선전철화	9.7	388
장항선	신창-대야	복선전철화	118.6	8,098
경전선	진주-광양	복선전철화	51.5	1,672
동해선	포항-동래	단선전철화	172.8	4,600

- 설계중인 사업 : 6개 사업 359.6km

노선명	사업구간	사업내용	연장(km)	총사업비(억원)
경춘선	춘천-속초	단선전철	93.7	22,840
월곶판교선	월곶-판교	복선전철	34.2	21,752
경부선/충북선	천안-청주공항	복선전철	59.0	8,217
인덕원동탄선	인덕원-동탄	복선전철	39.0	28,329
경강선	여주-원주	복선전철	22.0	9,017
동해선	강릉-제진	단선전철	111.7	27,406

자료: 국가철도공단

Chapter 2

한눈에 보는 빅데이터

부동산 빅데이터 항목

ⓐ	주택소유비율
ⓑ	아파트 공급량
ⓒ	매매가격지수/전세가격지수
ⓓ	미분양지수
ⓔ	주택 인허가 현황
ⓕ	지역별 평균 매매가/평단가
ⓖ	매매/전세 증감률
ⓗ	매수우위지수/매매매거래지수
ⓘ	주택구입부담지수
ⓙ	소비자물가지수
ⓚ	기준금리
ⓛ	M1/M2 통화량
ⓜ	미국 ISM 제조업구매자지수

손쉽게 얻는
부동산 정보

이번에는 각각의 부동산 빅데이터를 찾는 방법을 하나씩 설명하고자 한다. 부동산 빅데이터는 투자의 승률을 높이는 동시에 정량적 수치 데이터를 고려해 투자한 덕에 투자 후에 심리적인 안정감을 준다.

따라서 실전 투자를 하기 전에 해당 지역의 지표 현황을 파악하고 투자를 한다면 당신의 투자는 더욱 완벽해질 것이다. 시간이 되는 대로 ⓐ부터 ⓜ까지 하나씩 따라 해보면서 데이터를 직접 확인해보자.

[그림5-21] 통계청에서 알아보는 주택소유비율

ⓐ **주택소유비율**

① 통계청 국가통계포털(https://kosis.kr) 접속

② 주제별 통계 → 주거 클릭

③ 주택소유통계 → 가구단위 → 거주지역별 주택소유 및 무주택

가구수 확인

나는 오늘도 부동산에서 자유를 산다

【그림5-22】 부동산지인에서 알아보는 아파트 공급량

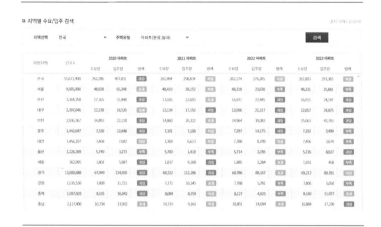

▣ 지역별 수요/입주 검색

구분(지역)	인구수	2020 아파트			2021 아파트			2022 아파트			2023 아파트		
		수요량	입주량	방세	수요량	입주량	방세	수요량	입주량	방세	수요량	입주량	방세
전국	51,672,400	262,296	407,831	과잉	261,494	298,834	적정	262,174	276,265	적정	262,803	293,383	적정
서울	9,565,990	48,508	65,248	과잉	48,410	39,153	적정	48,318	23,630	부족	48,231	25,681	부족
부산	3,364,758	17,165	31,848	과잉	17,026	22,650	초과	16,971	21,445	과잉	16,915	24,147	과잉
대구	2,387,646	12,338	16,520	과잉	13,134	17,150	과잉	12,096	21,317	과잉	12,057	34,875	과잉
인천	2,936,367	14,803	22,118	과잉	14,860	20,322	과잉	14,964	39,082	과잉	15,063	42,783	과잉
광주	1,442,647	7,338	12,648	과잉	7,301	7,108	적정	7,297	14,175	과잉	7,292	3,489	부족
대전	1,456,107	7,408	7,680	적정	7,369	6,613	적정	7,388	8,789	적정	7,406	3,674	부족
울산	1,126,369	5,740	3,273	부족	5,700	1,418	부족	5,714	3,785	부족	5,726	8,927	과잉
세종	362,995	1,801	5,987	과잉	1,837	9,168	과잉	1,885	2,284	초과	1,931	458	부족
경기	13,500,088	67,949	134,935	과잉	68,102	113,186	과잉	68,786	88,167	초과	69,213	80,781	적정
강원	1,536,530	7,808	11,721	과잉	7,771	10,345	초과	7,788	5,781	부족	7,806	5,050	부족
충북	1,597,503	8,101	16,042	과잉	8,084	8,759	적정	8,127	4,925	부족	8,169	11,077	초과
충남	2,117,400	10,734	13,932	초과	10,715	9,161	적정	10,801	14,694	초과	10,884	17,230	과잉

ⓑ 아파트 공급량

① 부동산지인(https://aptgin.com) 접속

② 수요/입주 클릭

③ 지역별 수요/입주 확인(드래그 및 복사/붙여넣기 가능)

【그림5-23】 한국부동산원에서 알아보는 매매가격지수/전세가격지수

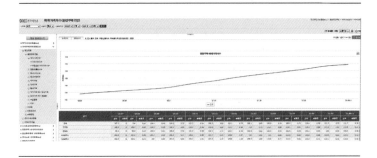

ⓒ 매매가격지수/전세가격지수

① 한국부동산원(https://www.r-one.co.kr) 클릭

② 전국 주택가격동향 클릭

③ 전국주택가격동향조사 → 매매가격지수/전세가격지수 확인

나는 오늘도 부동산에서 자유를 산다

【그림5-24】 통계청에서 알아보는 미분양지수

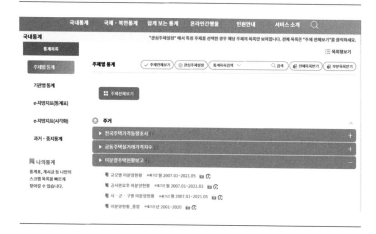

ⓓ 미분양지수

① 통계청 국가통계포털(https://kosis.kr) 접속

② 주제별 통계 → 주거

③ 미분양주택현황보고 → 시·군·구별 미분양현황 또는 공사완
료 후 미분양현황 확인

【그림5-25】 통계청에서 알아보는 주택 인허가 현황

▶ 주택건설실적통계 ⓘ

∧ 주택건설인허가실적

   📋 부문별 주택건설 인허가실적 수록기간 년 2009~2020 📷 ⓘ

   📋 부문별 주택건설 인허가실적(월별_누계) 수록기간 월 2007.01~2021.05 📷 ⓘ

   📋 주택유형별 건설실적_다가구 구분 수록기간 년 2004~2020 📷 ⓘ

   📋 **주택유형별 건설실적_다가구 구분(월별_누계)** 수록기간 월 **2007.01~2021.05** 📷 ⓘ

   📋 주택건설실적총괄 수록기간 년 2011~2020 📷 ⓘ

   📋 주택규모별 주택건설 인허가실적 수록기간 년 2007~2020 📷 ⓘ

   📋 주택규모별 주택건설 인허가실적(월별_누계) 수록기간 월 2007.01~2021.05 📷 ⓘ

   📋 지역별 주택건설 인허가실적 수록기간 년 1990~2020 📷 ⓘ

ⓔ **주택 인허가 현황**

① 통계청 국가통계포털(https://kosis.kr) 접속

② 주제별 통계 → 주거 클릭

③ 주택건설실적통계 클릭

④ 주택건설인허가실적 클릭

⑤ 주택유형별 건설실적_다가구 구분(월별_누계) 확인

【그림5-26】 KB부동산에서 알아보는 지역별 평균 매매가/평단가

통계/리포트

| KB부동산 통계정보 | 월간 KB주택가격동향 | 주간 KB주택시장동향 |

※ 파일이 열리지 않는 경우 저장 후 이용을 권하며, 모바일앱에서는 엑셀이 가능한 앱을 이용해 주시기 바랍니다.

※ 엑셀버전은 2010 이상을 권장하며, 2018.3월부터 "계절조정지수" 제공을 종료하오니, 자료 이용에 유의하시기 바랍니다.

※ 기타 문의사항은 '리브부동산(앱) > 홈(오른쪽상단 집모양 아이콘) > 개선사항바로가기' (모바일앱으로만 가능) 을 통해 문의해 주세요.

첨부파일

- ★(주간)KB주택가격동향_시계열(2021.06)_A지수통계.xlsx
- ★(월간)KB주택가격동향_시계열(2021.06)_B가격통계.xlsx

알려드립니다.

본 자료는 전국 주택의 매매 및 전세가격 변동상을 조사하여 주택시장 동향을 파악 후 분석자료로 작성되었습니다.

| 조사개요 > | 이용 시 유의점 > |

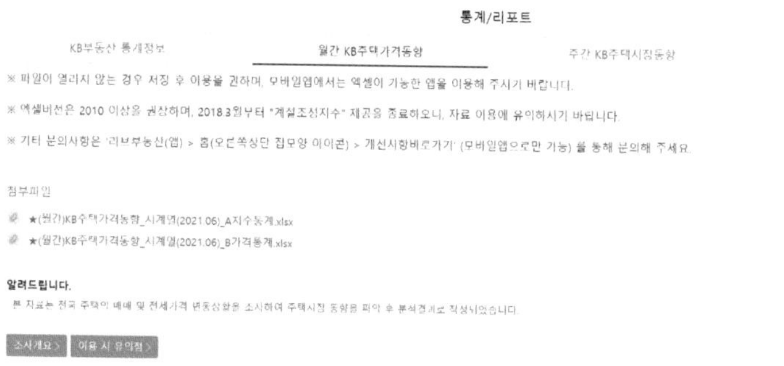

ⓕ 지역별 평균 매매가/평단가

① 네이버에서 KB부동산 검색 후 접속

② KB 통계 클릭

③ 통계/리포트 → 월간KB주택가격동향 클릭

④ '★(월간)KB주택가격동향_시계열_B가격통계' 첨부파일 다운

로드

[그림5-27] KB부동산에서 알아보는 매매/전세 증감률

통계/리포트		
KB부동산 통계정보	월간 KB주택가격동향	주간 KB주택시장동향

『[주간] KB 리브부동산 시계열』

리브부동산 2020.10.16 조회 116455

기준일: 2021-07-19

* 보도자료와 통계표 및 지역시황은 일자별 결과 첨부파일을 참조하시기 바랍니다.

첨부파일

⌀ WeeklySeriesTables(시계열)_20210719.xlsx

알려드립니다.

· 본 자료는 전국 주택의 매매 및 전세가격 변동상황을 조사하여 주택시장 동향을 파악 후 분석결과로 작성되었습니다.

[조사개요 >] [이용 시 유의점 >]

⑨ 매매/전세 증감률

① 네이버에서 KB부동산 검색 후 접속

② KB 통계 클릭

③ 통계/리포트 → 주간 KB주택시장동향 클릭

④ 'WeeklySeriesTables(시계열)' 첨부파일 다운로드

【그림5-28】 KB부동산에서 알아보는 매수우위지수/매매거래지수

		통계/리포트	
KB부동산 통계정보	월간 KB주택가격동향		주간 KB주택시장동향

「[주간] KB 리브부동산 시계열」

리브부동산 2020.10.16 조회 116455

기준일: 2021-07-19

* 보도자료와 통계표 및 지역시황은 일자별 결과 첨부파일을 참조하시기 바랍니다.

첨부파일

🔗 WeeklySeriesTables(시계열)_20210719.xlsx

알려드립니다.
본 지표는 전국 주택의 매매 및 전세가격 변동상황을 조사하여 주택시장 동향을 파악 후 분석결과로 작성하였습니다.

[조사개요 >] [이용 시 유의함 >]

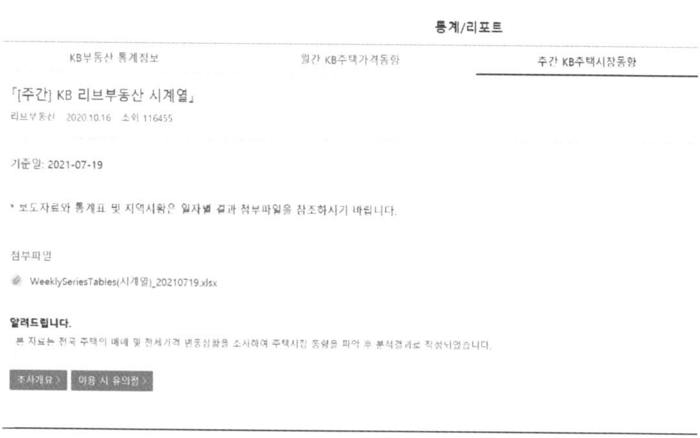

ⓗ 매수우위지수/매매거래지수

① 네이버에서 KB부동산 검색 후 접속

② KB 통계 클릭

③ 통계/리포트 → 주간 KB주택시장동향 클릭

④ 'WeeklySeriesTables(시계열)' 첨부파일 다운로드

【그림5-29】 주택금융통계시스템에서 알아보는 주택구입부담지수

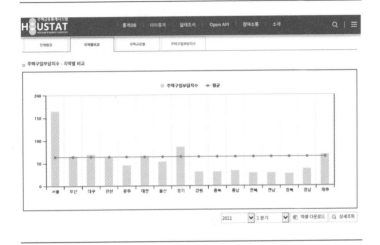

① **주택구입부담지수**

① 주택금융통계시스템(https://www.hf.go.kr) 접속

② 테마통계 → 주택금융지수 → 주택구입부담지수 클릭

③ 지역별 비교 → 상세조회 클릭

　　　　　　　　　　　　　　나는 오늘도 부동산에서 자유를 산다

【그림5-30】 통계청에서 알아보는 소비자물가지수

① 소비자물가지수

① 통계청 국가통계포털(https://kosis.kr) 접속

② 주제별 통계 → 물가 클릭

③ 소비자물가조사 → 소비자물가지수 확인

【그림5-31】 한국은행에서 알아보는 기준금리

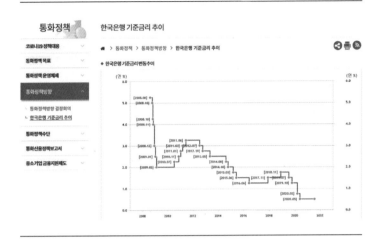

ⓚ 기준금리

① 한국은행(https://www.bok.or.kr) 접속

② 통화정책 → 통화정책방향 → 한국은행 기준금리 추이 확인

【그림5-32】 한국은행 경제통계시스템에서 알아보는 M1/M2 통화량

① M1/M2 통화량

① 한국은행 경제통계시스템(http://ecos.bok.or.kr) 접속

② 주제별 → 1. 통화 및 유동성지표 → 1.1. 주요 통화금융지표
클릭

③ M1(협의통화, 평잔), M2(광의통화, 평잔) 클릭 후 조회

【그림5-33】 인베스팅닷컴에서 알아보는 미국 ISM 제조업구매자지수

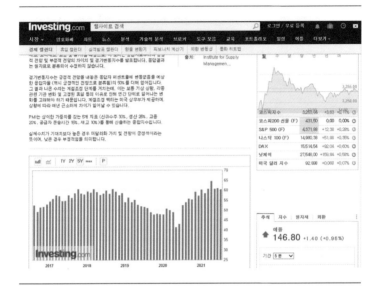

ⓜ 미국 ISM 제조업구매자지수

① 네이버에서 'ISM 제조업구매자지수' 입력

② 검색 상단에 보이는 인베스팅닷컴 접속

③ 제조업구매자지수 확인

인사이트 키워주는 사이트

【표5-6】에 부동산 관련 각종 정보를 파악할 수 있는 사이트를 15곳 모아놓았다. 투자를 진행하다 보면 의문이 생기는 부분들이 발생하게 된다. 이런 사이트들은 당신의 의문점을 빠르게 해결할 수 있게 도와주는 훌륭한 도구가 된다. 해당 사이트는 무료이니 언제든 원하는 데이터를 추출하고 가공함으로써 투자의 힌트를 얻을 수 있다.

다만 이러한 사이트를 많이 안다고 해서 투자를 잘하는 것은 아니다. 통계 수치 분석을 잘한다고 해서 투자를 잘하는 것도 아니다.

[표5-6] 주요 부동산 정보 사이트

사이트명	URL
국가통계포털	https://kosis.kr/index/index.do
국토교통부 통계누리	https://stat.molit.go.kr/portal/main/portalMain.do
e-나라지표	http://www.index.go.kr/main.do
서울시 열린데이터광장	http://data.seoul.go.kr
리브부동산 by 국민은행	https://kbland.kr
대법원 인터넷등기소	http://www.iros.go.kr/PMainJ.jsp
한국부동산원	http://www.reb.or.kr/kab/home/main/mainLd.jsp
조인스랜드	https://joinsland.joins.com
e-나라지표	http://www.index.go.kr/main.do
부동산공시가격 알리미	http://www.realtyprice.kr/notice/main/mainBody.htm
실거래가 공개시스템	http://rt.molit.go.kr
부동산지인	https://aptgin.com/aptgin/main/MainView.do
네이버부동산	https://land.naver.com
호갱노노	https://hogangnono.com
아파트실거래가	http://asil.kr/asil/index.jsp

통계 대부분은 옛 데이터일 뿐이다. 분석을 잘하는 전문가도 미래 예측은 틀리곤 한다. 부동산 투자가 쉬울 것 같으면서도 어려운 이유이기도 하다.

시그널은 상승인데 하락하기도 하고 하락 타이밍인데 상승하기도 한다. 변수가 존재하기 때문이다. 따라서 각각의 사이트에 어떤 부동산 통계 정보가 있는지 확인하고 이를 적극 활용하되 매몰되지는 말자.

너우리의 투자일기

사전 조사를 하고 현장에 나갔다. 기대하지 않았던 물건인데 의외로 괜찮았다. 계약할까 말까 고민하다가 며칠 전에 한 차례 전화했던 부동산중개소에 다시 전화를 걸었다.

"안녕하세요? 지난번에 연락한 ○○○입니다. 향후 주변 인접 도시의 공급 폭탄 때문에 조금 고민입니다."

"일단 방문해서 물건을 보고 이야기를 들어본 후 결정하셔도 됩니다. 저도 여기 아파트 몇 채 보유하고 있어 걱정하는 부분을 잘 압니다."

"네, 매물부터 보겠습니다."

오늘도 나는 매물부터 보았다. 통계로 검토했던 리스크에 대해 명확한 나만의 답을 찾지 못했기 때문이다. 내가 모르고 있던 또 다른 기회를 발견하기 위해 여전히 현장에서 답을 찾고자 노력할 것이다.

"아무리 유익한 지식이더라도 그것의 절반은 실천으로 만들 수 있다."

그럼에도 투자는
계속되어야 한다

수많은 책 가운데 이 책을 선택해 에필로그까지 페이지를 넘긴 당신이라면, 투자를 통해 이전보다 훨씬 더 나은 삶을 꿈꾸는 사람일 것이 분명하다. 이제 막 투자자로서 길을 떠난 사람일 수 있고 '성공'이라는 목적지를 찾지 못해 헤매는 사람일 수 있다.

큰 용기를 품고 투자 여정을 떠났어도 익숙하지 않은 시련으로 수많은 역경을 마주쳤을 것이다. 그럼에도 불구하고 투자자의 길을 가고자 하는 사람들을 위해 몇 가지 조언을 하며 마무리하고자 한다.

가족과 주변의 반대를 어떻게 받아들여야 하는가

부동산 투자를 공부하고 시작할 때 주변의 반응에 개의치 말라. 나 역시 아내를 제외하고 나를 응원해주거나 도와주는 이가 없었다.

가족을 포함해 주변에서 부동산에 관심 있는 사람이 없어서 간단한 팁조차 얻기 힘든 여건이었다. 실제로 투자를 진행하는 과정에 가족조차 설득하는 일이 버겁기도 했다.

주변 가족이 반대하면 더 힘들다. 한때 투자 모임을 나가는 나에게 사이비 종교에 빠진 것이 아니냐며 걱정을 했고 왜 그렇게까지 해야 하냐며 언성이 높아지곤 했다. 평일이든 주말이든 가리지 않고 밖으로만 나돌다 보니 집 안 분위기도 그리 좋지 않았다. 물론 지금은 고마워한다.

앞으로 당신이 겪을 일들은 일반인이 보통 겪는 일이 아니다. 매우 힘들 수 있다.

그러나 기억해주기 바란다. 고통 없는 성장은 이 세상에 존재하지 않는다. 주변 사람들이 반대하더라도 포기하지 말자. 제대로 배우고 제대로만 써먹는다면 반드시 원하는 수준의 결과를 만들 수 있다.

자기 자신과의 싸움에서 이기려면

'과연 나도 할 수 있을까?'

우리를 가장 힘들게 하는 것은 스스로에 대한 확신이다. 그러나 투자로서가 아니라도 '집'은 평생에 한 번은 풀어야 할 숙제다. 가족에게는 안정된 보금자리가 필요하기 때문이다. 일부 사람이 착각하는데 집은 필수재이지 소비재가 아니다.

매년 올라가는 전·월세 가격을 언제까지 지불할 수 있을지 스스로 생각해보면 답이 나온다. 우리가 모르는 사이에 우리의 능력은 나이가 들수록 '0'에 수렴한다.

사람들은 평생 일할 것처럼 생각하지만, 어느 시점이 되면 대부분은 소득 절벽에 부딪히게 된다. 그 시점에 닿았을 때 집이 주는 안정감은 어마어마할 것이다.

적어도 발 뻗고 편하게 쉴 수 있는 가족을 지키는 소중한 공간이 집이다. 한번 지으면 최소 30~40년 큰 무리 없이 거주가 가능한 소중한 필수재라는 말이다.

사랑하는 가족을 지킬 수 있는, 가장 최전방에 포진되어 있는 역할을 하는 것이 집이며 그 집이라는 녀석은 앞으로 평생 당신의 삶을 따라다닐 것이다.

이렇게 평생을 함께할 집을 공부하지 않는 것은 무책임한 행동이다. 지금 당장 사지 않더라도, 나중에 필요하더라도 제대로 알고는 있어야 한다. 다시 처음 문장으로 돌아가 '과연 나도 할 수 있을까?'라는 질문에 대해 스스로 내려야 하는 답변은 '반드시 해야 한다'다. 투자만을 의미하는 것이 아니라 실거주 내 집 마련도 포함하는 의미다.

당장은 확신이 없고 시드머니가 부족하고 자신을 믿을 수 없을지 몰라도 꾸준히 공부하고 준비한다면 반드시 가까운 미래에 좋은 성과를 이룰 수 있을 것이다.

누구나 처음은 낯설고 어렵다. 그러나 기억하자. 인생은 당신의 생각대로 만들어진다. 지금 어떤 결정을 내리고 어떻게 실천하느냐가 앞으로 다가올 당신과 가족의 미래를 결정짓는다.

가난해질 수밖에 없는 습관을 고쳐라

프롤로그에 이야기했듯이 군대 전역 후 첫 취직을 하기까지 모든 가족이 보증금 100만 원에 월 20만 원 하는 지방 도시 원룸에 살았다.

재테크에 대한 무관심, 화재로 인한 재산 손실, 아버지의 사업 실패가 주요 원인이었다. 나를 포함한 우리 가족의 삶은 차상위 계층까지 떨어졌다.

다행히 가진 것은 없었지만 빚도 없었다. 모든 것을 청산한 덕분이다. 최종적으로 우리 가족이 보유한 전 재산은 통장 안에 담긴 몇백만 원이 전부였다.

20대 시절 이야기라 사진을 가지고 있지는 않지만 오른쪽 사진에 담긴 느낌의 원룸이었다. 가족 모두가 거주해야 해서 침대를 넣을 공간이 없었기 때문에 나를 포함한 가족이 바닥에서 함께 생활하며 지냈다.

그렇게 20대를 보냈다. 물론 나보다 더 힘들게 사는 어려운 사람들은 세상에 많다. 그러나 당시 내 주변에는 없었다. 나에게 평범하게 사는 것은 어려운 일 같았다.

가난은 정말 무섭다. 가난은 또 다른 가난을 부른다. 심지어 경제적인 가난함이 정신적 가난함을 유발시킨다. 자기도 모르는 사이에 가난한 삶이 깊숙하게 스며들어 동일한 패턴의 삶을 살게 만들곤 한다. 이런 부분들은 통계나 연구 자료에도 종종 언급된다.

이런 문제의 1번째 원인은 마인드다. 가난한 마인드를 바꾸지 못하면 부자 또는 원하는 삶을 살 수 없다. 중산층의 삶도

나는 오늘도 부동산에서 자유를 산다

【표6-1】 너우리가 추천하는 마인드 리셋을 위한 책

책 제목	저자
굿바이, 게으름	문요한
데일 카네기 인간관계론	데일 카네기
인생에 변명하지 마라	이영석
아주 작은 반복의 힘	로버트 마우어
생각의 비밀	김승호
그대, 스스로를 고용하라	구본형
일취월장	고영성·신영준
타이탄의 도구들	팀 페리스
신경 끄기의 기술	마크 맨슨
원씽	게리 켈러, 제이 파파산
10미터만 더 뛰어봐!	김영식
굿 라이프	최인철
백종원의 장사 이야기	백종원
겟 스마트	브라이언 트레이시

영위하기 쉽지 않다. 현실이 그렇다. 그래서 가난을 벗어나고 싶거나 희망이 있는 삶, 무인도에 떨어져도 살아남을 수 있는 멘탈, 직장에서 할 말은 하고 사는 삶, 사회 속에서 가면을 벗어던지고 진짜 모습을 보여줄 수 있는 삶, 인생을 주도적으로 살고 싶다면 인생 습관부터 바꿔야 한다.

　【표6-1】은 400권 정도를 읽고 엄선한 습관 변화를 위한 추천 리스트다. 평범한 삶에서 벗어나 원하는 삶으로 조금씩 바꾸고 싶다면 한 권씩 읽어보기를 추천한다.

얼마나 빨리 가느냐보다 얼마나 오래하느냐가 관건

지금까지의 인사이트와 경험, 경제적인 여유를 얻기까지 쉽지는 않았다. 어디를 가도 1등과 꼴찌는 존재한다. 수많은 자기계발서를 읽고 실천하며 느낀 큰 깨달음은 속도가 아니라 방향성과 꾸준함이라는 거다. 각자 처한 환경과 능력치가 약간씩 다르므로 일률적으로 같은 방법을 적용하더라도 결과는 다르다.

나 역시 대단한 사람은 아니다. 빨리 간다고 빨리 나갈 수 있는 그런 사람도 아니다. 평범한 직장인으로 한 걸음씩 나아가며 조금씩 성장해가는 평범한 사람이었다. 책을 읽고 실천할수록 포지셔닝은 점점 뚜렷해졌고 현 위치를 명확하게 깨달았다.

'나는 한 달 벌어서 한 달 사는 극히 평범한 직장인이다.'

당신이 이 책을 읽고 마음이 뜨거워지는 것을 느꼈다면 이제부터 조금씩 실천하면 된다. 아끼고 모으고 투자하고 키우고 다시 재투자하면 된다. 앞서 설명한 현금 흐름 시스템을 말하는 것이다. 1~2년 만에 드라마틱한 결과를 만들지 못할 수 있다. 아니, 만들 수 없다. 거의 불가능한 일이다.

그러나 중간에 쉬어갈지언정 포기하지 말자. 포기하는 순간 모든 것은 다시 예전의 한 달 벌어서 한 달을 사는 급여 생활자로 돌아갈 뿐이다.

앞으로 당신이 겪을 일들이 쉽지 않은 길임을 다시 한번 강조한다. 가족과 함께하는 시간을 포기한 것이 가장 힘들었다. 무언가를 배우고 연습하고 실천하기까지 시간이라는 것이 필요하다. 직장인이 낼 수 있는 시간은 평일 저녁과 주말뿐인데 이때를 이용해 공부하고 준비해야 하므로 가족과 함께하는 시간을 일부 포기해야 한다.

투자는 마치 인생과 같다. 시험처럼 성적만 잘 받으면 끝나는 것이 아니라 자칫 나락으로 떨어질지 모르는 리스크 있는 확률 싸움에 인생을 배팅하는 것이다. 리스크를 극복하고 이겨내려면 확률을 최대한 유리하게 끌어가야 한다. 나는 이 책에 그런 확률을 높이는 방법들을 하나씩 소개했다. 잘 기억하고 있다가 현장에서 적절히 활용하기 바란다. 앞으로 이어질 당신의 성공적인 투자와 내 집 마련을 응원한다.

2021년 10월

너우리

나는 오늘도
부동산에서 자유를 산다

1판 1쇄 인쇄 | 2021년 9월 29일
1판 1쇄 발행 | 2021년 10월 6일

지은이 너우리
펴낸이 김기옥

경제경영팀장 모민원
기획 편집 변호이, 박지선
커뮤니케이션 플래너 박진모
경영지원 고광현, 임민진
제작 김형식

본문 디자인 제이알컴
인쇄 · 제본 민언프린텍

펴낸곳 한스미디어(한즈미디어(주))
주소 121-839 서울특별시 마포구 양화로 11길 13(서교동, 강원빌딩 5층)
전화 02-707-0337 | 팩스 02-707-0198 | 홈페이지 www.hansmedia.com
출판신고번호 제 313-2003-227호 | 신고일자 2003년 6월 25일

ISBN 979-11-6007-736-0 13320